監修者——佐藤次高／木村靖二／岸本美緒

［カバー表写真］
東萊府使接倭使図　伝鄭敾、18世紀後半、国立中央博物館蔵

［カバー裏写真］
猛虎　作者未詳、国立中央博物館蔵

［扉写真］
東闕図　18世紀頃、高麗大学校博物館蔵

世界史リブレット 67

朝鮮からみた華夷思想

Yamauchi Kōichi
山内弘一

目次

朝鮮から華夷思想を考える意味

冷戦体制が崩壊し、世界に平和が実現するという希望を多くの人がもったにもかかわらず、世界の各地で民族間の対立や紛争が、以前にもまして露骨なかたちで絶え間なく起こり、かつ深刻化している。民族という言葉は、国民とも訳される nation の訳語であり、例えば民族自決などといった用語として、二十世紀になって使われはじめたもので、近代の国民国家という概念と密接不可分な関係をもつ。そして、近代国家として、国民国家こそが正統性をもつという認識が広まると、近代以前から存在した種族、部族などという概念にたいしても、いわば歴史を遡って、この民族という言葉が適用されるようになった。そして、国民と民族が同じ内実でないと意識された場合、必然的に対立や紛争が起こることになった。

国民国家は、その内部に存在する階層・階級の対立や、文化的差異を消滅させるために、またそれらの存在を意識させないようにするために作為された「国民」という概念と、ほかの国家にたいして自国の領域、領土を主張する明確な「国境」という概念をもつ。二十世紀は、前世紀につぎつぎと誕生した国民国家が、それぞれ国境を外に拡大しようとするいわゆる帝国主義が全盛の世紀であった。日本も明治期に近代化をはかって国民国家を形成すると、蝦夷《えぞ》地（北海道）、琉球（沖縄）、台湾などを自国の領域に取り込み、やがてそれは朝鮮におよんだのである。しかし、帝国主義化した国民国家間の争いは、二つの世界大戦、日本にとっては敗戦という悲惨な結果しかもたらさなかった。そして、この悲惨な経験を踏まえて、二十世紀の後半から末になると、「国民」という概念の作為性が強く自覚されるようになってきた。ヨーロッパ統合の動きはその自覚にもとづくものであるし、さきに述べた冷戦体制崩壊後の民族紛争の激化もそのあらわれであるといえる。

現在のこのような混沌とした情況のなかで、前近代の国家（王朝）や種族間の秩序の実態、そしてその秩序にたいする認識が、あらためて注目されている。中国の地に興亡する王朝を中心とする、儒教が普及したアジア地域でいえば、天下的世界認識、つまり華と夷の秩序や認識がそれである。これらは、近代以降の価値観をもった西欧人の目には停滞しているとしか映らなかった、恐ろしく持続性をもつ安定した社会を現出させた秩序や認識の一端である。ただ、本書では、華夷の秩序の本来の中心である中国の王朝についてはあつかわない。夷であり周辺である朝鮮の地に興亡した王朝に焦点をあてて叙述するが、中心と周辺とは相対的なものであるという華夷の秩序や認識の、特色ある一面が明確になるのではないかと思う。

ところで、二〇〇二年のワールドカップ共同開催が実現して以来、日本と韓国(大韓民国、以下韓国とする)の交流はあらゆる分野でいっそう活発になっている。韓国の大学では、日本人留学生の数が急増していると聞く。彼らは韓国人独特の文明意識にふれて、当惑することも多いのではないかと思う。韓国人の常套《じょうとう》的な日本観の一つにつぎのようなものがある。「韓国は、古代以来、日本にいろいろなことを教えてやった。漢字、儒教、仏教など数えあげればきりがない（ただ、もったいないので便利な匙《さじ》▲だけは内緒にして教えなかった、というジョークもある）。それなのに日本は韓国を植民地▲にした。これは弟が兄を殴るのと同じで倫理にもとることだ」というのである。弟はいつまでたっても兄にはなれないことが暗黙の前提である。

自国中心の独特な文明意識は、歴史の研究者も無意識にもっている場合があるようにみえる。ある高名な国史（韓国史）の研究者は、日本人に向けて書いた文章のなかで、日本の植民地支配にかんする「当時は帝国主義の時代であり、ほかの西欧列強も同じことをやったのだから、日本だけが問題にされるのはおかしい」というある日本人の見解について、韓国をアフリカや東南アジアの諸国と同列におくという事実にたいして、韓国人は強い不快感を感じていると述べている。ここにはアフリカや東南アジアの諸国の人びとが、これをみてどう思うかという発想はなさそうである。このような韓国人の独特な文明意識がどのようにして形成されたのか、本書で述べる華夷の秩序や認識の特色は、この問題とも密接な関連をもっているのである。

伝統的な食事の食卓

▼匙　韓国では食事に箸と匙を使う。匙は汁やご飯を食器からすくうのに用いる（日本のようにご飯や汁を盛った食器を持ち上げるのは礼儀に反するとされる）。ただ、匙を食事に用いるようになったのは、高麗時代以後のことで、高麗を支配したモンゴル（元）から肉食（スープ類をともなう）とともにはいってきたとする説がある。

▼植民地　韓国では日帝支配という表現を用いるのが通例。

①―天下的世界認識と朝鮮

天下的世界認識と華夷思想

近代国家間の国際関係が成立する以前、東アジア世界を律していた世界認識は、主に儒教によって理論化された天下的世界認識であった。天下的世界認識とは、その形成過程であった戦国時代以前の情況はともかくとして、一般的にはつぎのように考えられている。天下とは、万物が成育し万民が生活する空間全体を意味し、この空間全体をおさめる天（上帝）は、地上のもっとも徳の高い人物に天命をくだして天下の王者とし、天下の支配を委ねた。王者は天の子という意味で天子と称し、秦漢以降は皇帝の称号も用いられた。天子は朝廷（王朝）を開くことによって地上を支配するが、その朝廷自体や、また朝廷の政治的支配がおよんでいる範囲が「国」であり、周囲には四夷《しい》と総称される東夷《とうい》、西戎《せいじゅう》、南蛮《なんばん》、北狄《ほくてき》が配置された。四夷は天子の徳をしたって朝貢するものとされ、天下は天の代理者である天子の徳治のおよぶ世界であった。

このような天下的世界認識と、密接不可分で表裏一体の関係をもつのが華夷

織田信長の「天下布武」の印章

思想である。天下の中心であり、天子がおさめる中華の地域には、儒教をはじめとする高度な中華の文明が発達しているが、周辺の夷狄つまり四夷の地域にはそれがなく、あったとしても未発達で野蛮な状況にあるとして、華と夷の両者のあいだに上下優劣の関係をもたせる思想である。

中国で形成されたこのような天下的世界認識や華夷思想は、中華の文明が浸透していった周辺の地域、つまり本来であれば四夷に属す地域でも、当時としては唯一の高級な世界認識の枠組みとして受け入れられていき、それぞれそのいわばミニチュア版がつくられた。日本でも天下の語はごくふつうに用いられていて、この語に違和感を覚える日本人はほとんどいないであろう。織田信長が「天下布武」の印章を用いたことはよく知られている。また、彼の後継者豊臣秀吉の全国統一を、天下統一ということもある。ただ、この場合の天下とは、空間としてせいぜい日本列島、それも今日の北海道や沖縄などは含まれないというミニチュア版の天下であり、当時の中国の王朝、明からみればおそらく笑止千万な天下であったはずである。しかし秀吉は、本来の天下をも手中にするという野望をもち、朝鮮(朝鮮王朝、李朝)に「假途入明」▲つまり途《みち》を假《か》りて明

▼**假途入明**　秀吉の意図は「征明嚮導(きょうどう)」、つまり朝鮮に明征服の先導を務めさせるものであった。朝鮮王朝との交渉にあたった対馬の宗氏は苦慮し、派遣した使節にそれを「假途入明」の意だと説明したが朝鮮は当然拒否した。

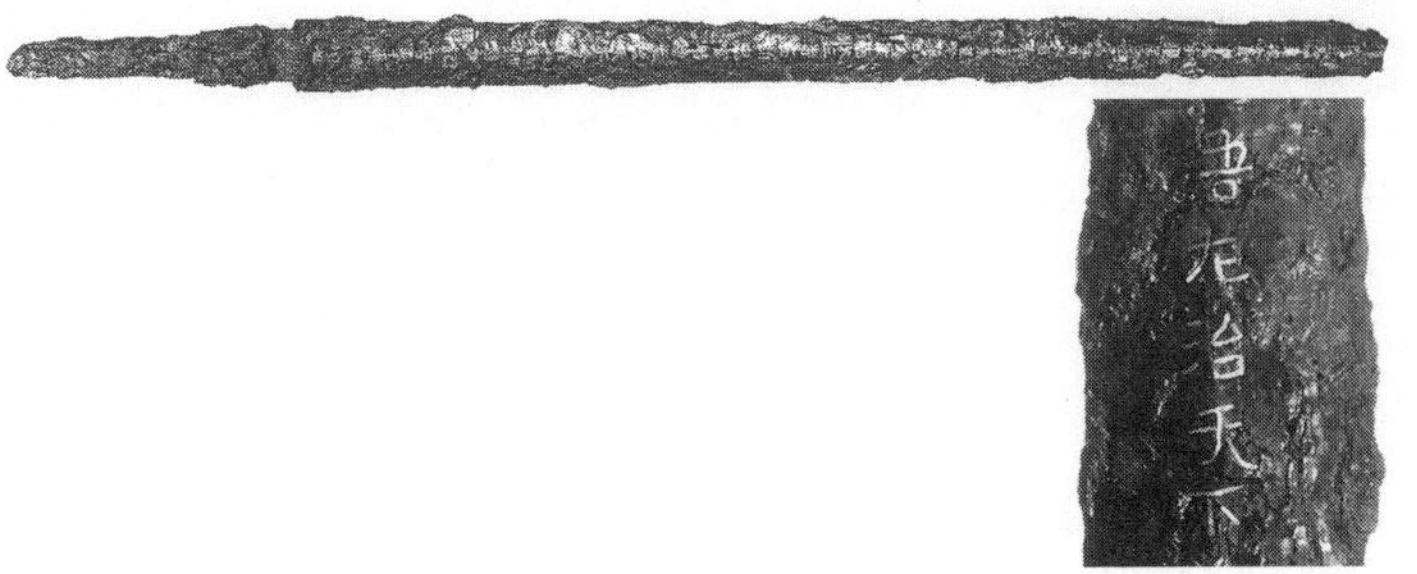

稲荷山古墳出土の鉄剣の銘文
「吾左治天下」とある。

に入るという名目で、壬辰《じんしん》、丁酉《ていゆう》の倭乱(一五九二、九七年の文禄、慶長の役)を引き起こしたのであった。

もう一例あげよう。幕末のいわゆる志士たちの主張に尊王攘夷がある。尊王の王は先述の天下の王者、つまり天子であり、日本では尊皇の語も使われる。攘夷の夷とは、中華の文明に浴していない野蛮な夷狄《いてき》、志士たちの主観ではおもに西欧を指すのであろうが、日本を中心とする天下的世界の存在は自明なことだったようで、志士たち自身が本来夷狄であったことはまったく意識されないのである。天下的世界認識にしても華夷思想にしても、文化的な認識の枠組みとしての性格を強くもっており、中華の文明をそれなりに導入し、また導入しようと努めていれば、自国を中心にして、天下や夷狄を設定することができるからである。ただ、明治維新以後の国民国家日本では、夷＝外国と割りきり、また普遍的な文明を中華から西欧におきかえて、いわゆる文明開化が追求されることになったのではあるが……。

さて、天下の語が日本ではじめてあらわれるのは、現在のところ、一九七八年に発見された埼玉県稲荷山古墳出土の鉄剣の銘文で、五世紀のものとされる。

その後、中国から律令制を導入する過程で、天下的世界認識も本格的に定着したとみられ、天皇を中心とする朝廷の支配がおよんでいる範囲の外に、先述の四夷にあたるものとして蝦夷《えぞ》や粛慎《しゅくしん》(あしはせ、みしはせ)、隼人《はやと》、さらに蕃国《ばんこく》として朝鮮半島の新羅《しらぎ》(シルラ)などをも配置して朝貢させ、従わなければ征伐すべきものとしたのである。もちろん、天下的世界認識は、おそらく中華の文明を日本より以上に取り入れた新羅にも存在したであろうから、天下、四夷、朝貢、征伐などといっても所詮は主観的な認識の問題にとどまる。

前近代の東アジア世界では、中国で認識されるいわば大きな天下のなかに、それぞれの地域の支配者が考えた、いわば小さな天下がいくつも並存していたのである。ただし、主観的には、理念からいえば天下である以上本来的には大小はなく、万物が生育し万民が生活する空間全体であり、際限のない、またあってはならないものであった。

朝鮮における天下的世界認識

朝鮮半島でもこのような天下的世界認識は存在した。しかしながら、歴史的に日本のようには安易に天下の語を用いてはこなかった。したがって資料にもあらわれることは少ない。それはなぜであろうか。周囲を海にかこまれた日本に比べ、中国と陸続きの朝鮮半島では、中国の政治的軍事的脅威がつねに切実な問題として存在していた。実際、漢の武帝は、その支配の実態がどのようなものであったかはともかくとして、楽浪《らくろう》、真番《しんばん》、臨屯《りんとん》、玄菟《げんと》の四郡をおいて直轄地とした。また、新羅、百済（ペクチェ）、高句麗《こうくり》（コグリョ）、高麗《こうらい》（コリョ）、渤海《ぼっかい》（バレ）▲、朝鮮（チョソン）の各王朝は、それぞれの時代に有力であった中国の王朝と君臣関係を結んで朝貢しており、藩属国《はんぞくこく》の諸侯の王として、宗主国《そうしゅこく》の中国の天子に臣従するという宗属・宗藩関係、中国史の視点からみたいわゆる冊封《さくほう》体制▲に組み込まれていたのである。つまり、朝鮮半島は、ときには中国の王朝の「国」内、ときには「国」外にあって朝貢してくる東夷として、中国を中心とする本来の天下のなかにあった時期が圧倒的に長かったことになる。

　資料を後世に残す役割を担った知識人にとって、儒教をはじめとする中華の文明は、当時において唯一の普遍的な価値をもつものであった。近代において西欧化が文明化と同義語であったとすれば、当時において中華化、中国化が文

▼渤海　朝鮮史の立場からは、渤海は朝鮮史のなかに位置づけられ、時期的に並行している南の新羅とあわせ南北国時代と呼ばれることもある。ただ中国史の立場からは、周辺に位置した一つの王国として中国史の一部とされ、ロシア史の立場からは同様にロシア史の一部となる。

▼冊封体制　中国の王朝が、周辺諸国の首長に官爵を与えて君臣関係を結ぶことで成立する世界秩序。冊は冊書つまり官爵を与える辞令書のことで、封は封建つまり領土を割いて与えること（実際には、周辺諸国の首長が、実効支配がおよんでいない場合をも含め、支配を願う地域を領土として承認することだが、理念的には天下の土地はすべて天子のものと認識される）。

真宝李氏の族譜

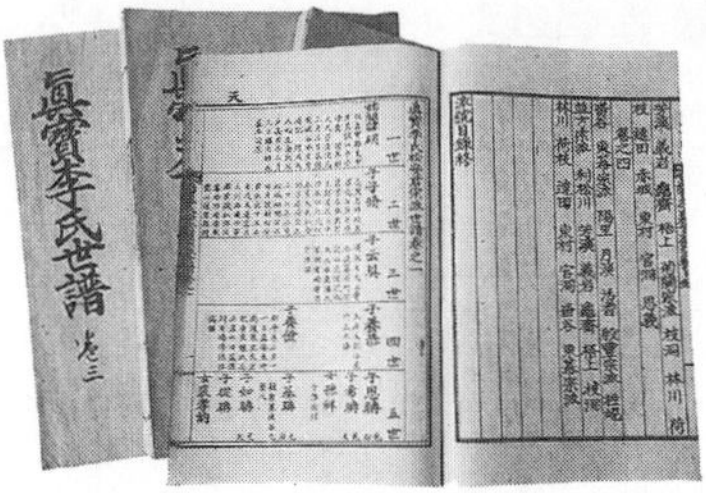

▼朝鮮王朝後期　通例壬辰、丁酉の倭乱(一五九二、九七年の文禄、慶長の役)を画期に朝鮮王朝の歴史を前期と後期に分けている。

▼宗族制度　父系の族外婚を基本とする家族制度。したがって同姓不婚(同姓の嫁はむかえない)、異姓不養(異姓の養子はとらない)が原則になる。なお一族の始祖にゆかりの地名(本貫という)をつけて、曲阜孔氏(孔子の一族)、新安朱氏(朱子の一族)、全州李氏(李氏朝鮮王朝の王

明化と同義語であったといってもよかろう。そして、朝鮮半島に興亡した諸王朝では、知識人たちによって、周辺の諸国のなかではもっとも果敢にその文明化がはかられた。例えば、言語体系がまったく異なるのに、文語文の世界は基本的に古典中国語、つまり漢文によって成り立っていた。したがって、現在資料として利用できる記録の大部分は、儒教の経典などの素養が十分に生かされた純然たる漢文で書かれた。また、人名地名といった固有名詞は、漢字で書いた場合には中国のそれとまったく区別がつかないが、このような中国的な人名地名の定着は、新羅末から高麗初めのこととされる。さらに、朝鮮王朝後期▲には、知識人階層の家族制度まで中国的な宗族《そうぞく》制度▲になったのである。

　このような文明化が継続して追求されるなか、知識人たちの多くは、天下の中心は当然文明の中心でなければならないと考えたであろうし、自国とはいえ、過去に存在した朝鮮半島の諸王朝を中心にした天下的世界認識を表現した資料を、分を超えた、文明に反する忌避すべきものと考える場合すらもあったであろう。

二つの建国説話

古代の朝鮮半島に興亡した諸王朝、高句麗、百済、新羅、伽耶《かや》（カヤ）▲などにはそれぞれ個性的な建国説話があるが、これらの諸国が誕生するはるか以前に存在したとされる、いずれも朝鮮▲を国号とした王朝があった。箕子《きし》朝鮮と檀君《だんくん》（タングン）朝鮮である。

箕子は、周の武王のために天地の大法を説き、それが儒教の経典『五経《ごけい》』▲の一つである『書経』のなかの洪範《こうはん》の篇であるとされ、儒教で聖人としてあつかわれる人物である。紀元前十二世紀ころのこととして、中国の歴史書『漢書』には、殷《いん》が衰えたとき、箕子は朝鮮の地に逃れ、そこで「犯禁八条▲」（『後漢書』には「八条之教▲」とある）によって人びとを教化したとある。また司馬遷の『史記』には、殷を伐《う》った周の武王は箕子を朝鮮に封《ほう》じたとあり、これによれば、箕子朝鮮は周の諸侯国だったことになる。この箕子朝鮮にかんする説話は、中国の歴史書に登場する以上当然ではあるが、中国を中心とする天下的世界認識の産物といえる。

一方、檀君は高麗時代の文献にはじめてみえるもので、その説話の概要は

族）などとその一族のことを呼ぶ。そしてその一族の構成員を掲載した系譜が族譜である。前頁の図は十六世紀の著名な朱子学者李滉（四八・四九頁参照）を出した真宝李氏の族譜。

▼**伽耶**　朝鮮南部にあった国名。別名は加耶、加羅、任那など多数ある。伽耶諸国全体を指す場合と、金海伽耶など、伽耶諸国中の特定の国を指す場合とがある。

▼**朝鮮**　朝鮮の国号をもつ王朝に、檀君朝鮮、箕子朝鮮、衛氏朝鮮（衛満が前一九〇年ころ建国）、李氏朝鮮があるが、紀元前に存在した（とされる）前三者を、李氏朝鮮と区別するため古朝鮮と総称している。

▼**『五経』**　儒教でもっとも重んじる五つの経典、『詩経』『書経』（『尚書』）『易経』（『周易』）『春秋』『礼記』。

▼**犯禁八条　八条之教**　『漢書』には「人を殺した場合は、即時死をもってつぐなう」などの記述があるが、八条すべては記載されておらず、三条しかみえない。

「昔、天界の桓因《かんいん》(ファニン)(帝釈天のこと)には桓雄《かんゆう》(ファヌン)という庶子がいて、しきりに天下のことを思い、人びとを救いたいと考えた。父親は子の気持ちを知って、天符印を授けて従者とともに太伯山《たいはくさん》(テベクサン)頂の神檀樹《しんだんじゅ》のもとに降下させた。桓雄は風、雨、雲の諸神を率い、穀、命、病、刑、善悪など人間界全般をつかさどり、人びとの教化に努めた。ときにクマとトラが人になりたいと祈るので、桓雄は艾《よもぎ》と蒜《にんにく》を食べ、一〇〇日間日光を避け、二一日間物忌みをさせると、トラは失敗したが、クマは女身に化した。熊女は神檀樹のもとでさらに身ごもるように願ったので、桓雄は変身して結婚し、檀君が生まれた。檀君は中国の聖天子堯《ぎょう》の即位五〇年に、平壌《へいじょう》(ピョンヤン)に都をおいて国号を朝鮮と称した。また、都を白岳山《はくがくさん》(ペガクサン)阿斯達《あしたつ》(アサダル)に移して一五〇〇年にわたって国をおさめたが、周の武王が箕子を朝鮮に封じたので、檀君は蔵唐《ぞうとう》京《きょう》(チャンダンギョン)に移り、のちにまた阿斯達にかくれて山神となり、千九百八歳まで生きた」(『三国遺事《いじ》』▲)というものである。仏教、道教、神檀樹をよりしろとするシャマニズムなど、さまざまな要素がからまった説話であるが、自国を中心にした天下的世界認識を背景に成立しているといえよう。ほぼ同じ時

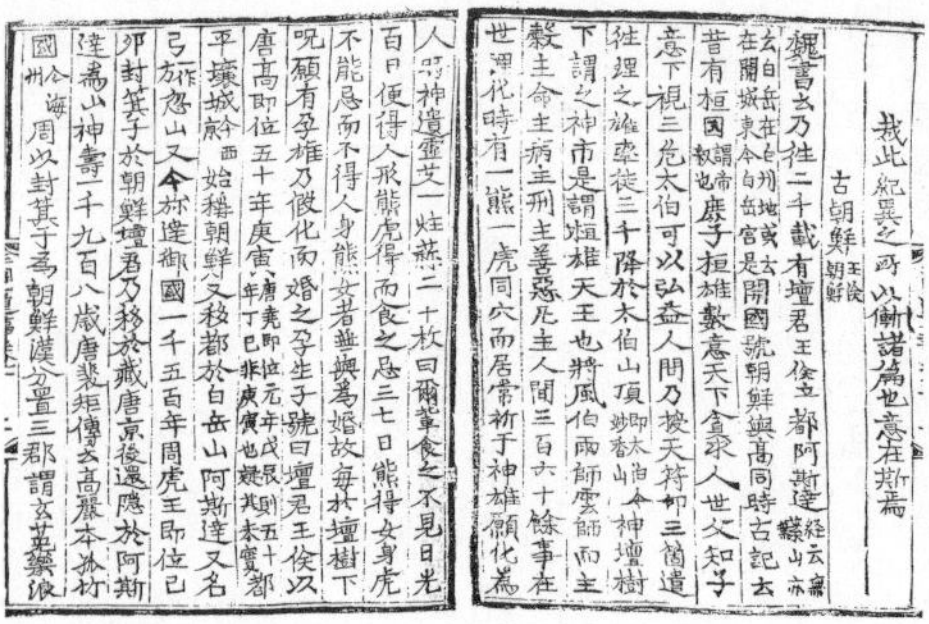
裁此紀異之所以漸諸篇也意在斯焉
古朝鮮 王儉朝鮮
魏書云乃往二千載有壇君王儉立都阿斯達 經云無葉山亦云白岳在白州地或云在開城東今白岳宮是 開國號朝鮮與高同時古記云
昔有桓国 謂帝釋也 庶子桓雄數意天下貪求人世父知子
意下視三危太伯可以弘益人間乃授天符印三箇遣
往理之雄率徒三千降於太伯山頂 即太伯今妙香山 神壇樹
下謂之神市是謂桓雄天王也將風伯雨師雲師而主
穀主命主病主刑主善惡凡主人間三百六十餘事在
世理化時有一熊一虎同穴而居常祈于神雄願化為
人時神遺靈艾一炷蒜二十枚曰爾輩食之不見日光
百日便得人形熊虎得而食之忌三七日熊得女身虎
不能忌而不得人身熊女者無與為婚故每於壇樹下
呪願有孕雄乃假化而婚之孕生子號曰壇君王儉以
唐高即位五十年庚寅 唐堯即位元年戊辰則五十年丁巳非庚寅也疑其未實 都
平壤城 今西京 始稱朝鮮又移都於白岳山阿斯達又名
弓 一作方 忽山又今旀達御國一千五百年周虎王即位己
卯封箕子於朝鮮壇君乃移於藏唐京後還隱於阿斯
達為山神壽一千九百八歲唐裴矩傳云高麗本孤竹
國 今海州 周以封箕子為朝鮮漢分置三郡謂玄菟樂浪

▼**『三国遺事』** 高麗の高僧一然(一二〇六〜八九)が著した古代の朝鮮にかんする歴史書。五巻九編からなる。左図は檀君にかんする部分。

期に成立した別の資料『帝王韻記《ていおういんき》』▲では、檀君は尸羅《しら》（シラ）（新羅）、高礼（コリエ）（高句麗）、南北（ナムブク）沃沮《よくそ》（オクチョ）、東北（トンブク）扶餘《ふよ》（プヨ）、濊《わい》（イェ）、貊《はく》（メク）という古代の諸族をみな統治したとされている。

箕子朝鮮の説話は、孔子が生まれる以前に、すでに朝鮮に洪範という儒教の根本の教えがもたらされていたものと解され、とくに朝鮮王朝の両班（ヤンバン）知識人の、朝鮮こそが儒教の本流を受け継いでいるという強い誇りの根拠となった。また檀君朝鮮の説話は、とくに近代以降の民族主義の潮流と共鳴した。南の韓国では建国後の公式な紀年は、西暦に変更される一九六一年まで、檀君紀年（檀紀と略称され、檀君が朝鮮を開国したとされる紀元前二三三三年が檀君紀年では元年になる）が用いられていたし、また北の朝鮮民主主義人民共和国でも、朝鮮王朝時代から檀君陵とされてきた場所から、一九九三年に檀君の遺骨とされるものが発見され、その後大規模な檀君陵を新たに建造している。

事大と慕華

朝鮮半島に興亡した諸王朝が、中国の政治的軍事的脅威をやわらげるために

▼**『帝王韻記』**　李承休（一二二四〜一三〇〇）の著作。中国の帝王の興亡や、朝鮮の檀君から高麗にいたる開国年代などを記す。

檀君陵　平壌の東、江東郡にある。以前から知られていた伝檀君陵の近くに、高句麗の将軍塚を模して、巨大なモニュメントがつくられた。

とられたのが「事大《じだい》」という外交政策であった。事大の語は、例えば「小を以って大に事《つか》ふる者は、天を畏《おそ》るる者なり。天を畏るる者は其の国を保つ」（『孟子』）のように儒教の経典にみえる。一般的にいって、事大は大国に隣接する小国がとる政策であり、大国に公然と敵対することでその攻撃を受け、滅亡の危機に陥るのを避ける一方で、大国の権威を利用しつつ小国自身の国内支配の維持をはかるというものである。賢明な外交政策と評することができようが、小国を支配する者にとっては、外交政策としてほかに選択肢のないものでもあった。ただ、当初は現実を踏まえて意識的に採用した事大政策が、時間の経過とともにいわば独り歩きを始め、小国の人びとの思考方式や行動を無意識のうちに規定することもなくはなかった。定見がなく、ただ勢力の強いものの言いなりになるという悪い意味での事大思想、事大主義がそれである。

　中国の王朝と宗属関係を結び、事大政策がとられたからといって、かならずしも宗主国である中国の王朝の直接的な統治が藩属国におよぶわけではない。例えば、一三九二年、高麗最後の国王となった恭譲《きょうじょう》（コンヤン）王《おう》の退位と、李《り》成桂《せいけい》（イソンゲ）▲の即位の承認、つまり王（ワン）姓から李（イ）姓への事実上の易姓《えきせい》革

▼李成桂（一三三五〜一四〇四、在位一三九二〜九八）　元末の混乱で高麗に侵入した紅巾賊や、倭寇の討伐で名をあげた武将。ブレーンとなった鄭道伝ら朱子学の素養をもつ新興の官僚たちを率いて李氏朝鮮王朝を建国した。死後に贈られた廟号（二四頁注参照）は太祖。左図は、出身地全州の慶基殿に祀られた太祖李成桂の肖像画。傷みがひどくなった旧本を、十九世紀後半に画師に命じて模写させたもの。

▼易姓革命　帝王の姓がかわり、天命が改まること。帝王は天命を受けて天下を統治するが、もし時の帝王の徳が衰えて人心が離反した場合には、別の有徳者が天命を受けて新たな王朝を開くのである。

命▲にたいする承認を求められた明は、「高麗は山や海をへだてた遠い彼方にある。天は東夷をつくったが、中国のおさめるところではない」(『太祖(テジョ)実録』▲)と記した、宗主国としてはいささかなげやりともみえる文書を李成桂に送っている。明の藩属国である朝鮮王朝は、明の天子から国王の称号や一定の官職などを受けて君臣関係にはいり、名分を正すために、天子にしか使えない朕、勅、詔、陛下、太子などの語の使用を避け、時、時間の支配を受けることを示すために中国の暦や年号を用い、定期的に朝貢使節を派遣するなどの事大の礼をつくせば、自国の内政は明にとって支障がないかぎり、基本的に自由におこなうことができたのである。

もっとも十九世紀の末に、清の朝鮮にたいする宗主権復旧の名目で、袁世《えんせい》凱《がい》▲らによって実質的な内政干渉がおこなわれたことがあった。これは清にとって朝鮮の内政を放置することはおおいに支障があったので、近代の帝国主義的な立場から、宗主権を再解釈したものであった。

儒教の経典には「大、小を字《やしな》はざれば、小、大に事《つか》へず」(『春秋左氏伝』)のように、大国の「字小《じしょう》」と小国の「事大」が双務的なものとして書かれている場

▼『太祖実録』 太祖がなくなると、太祖一代の歴史『太祖実録』が編纂された。その後歴代の国王の「実録」が編纂され、総称して『朝鮮王朝実録(李朝実録)』と呼ばれる。中国の制度に倣ったもので、現存してはいないが高麗時代から「実録」の編纂がおこなわれていた。左図の六行目下から「非我中国所治」の文字がみえる。

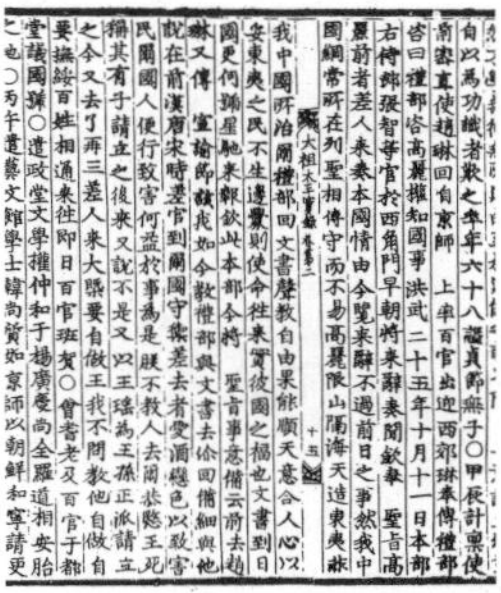

▼袁世凱(一八五九〜一九一六) 日清戦争前、統理外交通商時宜という名目で漢城に駐在し、実質的な内政干渉に辣腕をふるった。のちに、辛亥革命で臨時大総統になった人物である。

「東莱府使接倭使図」（部分）　壬辰倭乱以後、朝鮮を訪れた日本（対馬）の使節は上京を許されず、客舎に設置された国王の象徴である「殿牌」に拝礼した。本書カバー表写真を参照。また左の図は使節を迎接するために赴く輿に乗った東莱府使一行の行列を描いた部分（作者未詳、伝鄭敾、十八世紀後半）。

合がある。つまり中国の王朝は大国として、小国である藩属国、朝貢国を保護することが求められるのである。さきに述べた秀吉による壬辰、丁酉の倭乱のさいに、明の神宗万暦《ばんれき》帝が朝鮮に援軍を送ったのも、理念的にはこの字小で説明されるし、同じく先述の清の内政干渉も、立場によってはこの字小によって解釈できるのである。また朝貢では、朝貢品よりは中国からの回賜のほうが、数段価値の高いものであったが、これも字小の理念の表現であり、中国の王朝が、国内外に権威を誇る目的で、朝貢国をふところ深く受け入れて度量の大きさを示す贈答の形式であった。朝貢を朝貢貿易などと称し、実質的には対等な貿易であったととらえようとするのは、たぶんに経済重視や小国側の民族意識といった、近代以降の価値観にもとづく願望が反映した評価という面がないとはいえないであろう。

朝鮮は中国にたいして事大の外交を展開したが、自国中心の天下的世界認識の反映として、周囲のより弱小の勢力にたいして、字小の関係が設定されることもあった。十五世紀、第七代国王世祖（セジョ）（在位一四五五〜六八）時代の例をあげると、「わが殿下が即位して以来、徳があまねく仁が深いのをしたって

▼野人　朝鮮王朝の北方、鴨緑江や豆満江以北に居住していた女真人のこと。

▼三嶋　朝鮮王朝の南方にある対馬、壱岐、松浦のこと。

……野人、日本、三嶋、琉球国のような四夷がみな朝廷にやってきます」（『世祖実録』）のように野人、日本、三嶋、琉球を四夷と表現したものがあり、また実際、藩胡、属胡と呼ばれた帰順した北方の女真人や、南方の対馬にたいしては大国として臨み、官職を与えて朝貢させ、回賜を与えていたのである。後者は朝日貿易の一環をなすものである。

政治的外交的な事大は、文化的には慕華《ぼか》に直結することが多かった。事大の対象である中国の王朝は、中華の文明が栄えるいわば先進国だったからである。逆に字小の対象にたいしては、慕華と裏腹の優越感や差別意識が生じた。北方の女真人を野人と表現することによくあらわれているように、政治的序列は文化的序列、つまり文明の進捗度と整合していて、それが一種のあるべき秩序の理念として機能したのである。ただし、例外もある。例えば、契丹《きったん》（遼）、女真（金）、蒙古（元）、女真（清）のように、たとえ中国（の一部）を支配していても、事大の対象が中国ではなく夷狄と認識されるような場合である。それについてはのちにふれることにしよう。

②—朝鮮と年号

年号の意味

　年号は元号ともいい、天下的世界認識のもとでの、天子による時間の支配を象徴するものである。日本では、天下の語がほとんどなんの疑問をもつこともなく使用され、したがってまた、たとえそれが政治的実権をともなわない理念的な支配の時代が長かったとはいえ、天皇という天子の支配のもとで、年号をも使いつづけてきた。現在、東アジアで天子と称する君主が唯一残る、したがって年号を公的に使用する唯一の国となっているのである。朝鮮では、既述のように自国中心と、中国中心の二重の天下が微妙なかたちで並存していたから、年号の使用も天下認識の推移によって変化することになる。以下、その過程を古代から通史的に追ってみよう。

新羅、高句麗における年号の使用

　金富軾《きんふしょく》（キムプシク）（一〇七五～一一五一）の『三国史記』▲によると、三国時代の

▼**『三国史記』**　全五〇巻。新羅、高句麗、百済三国にかんする歴史書で、司馬遷の『史記』に倣って紀伝体で書かれている。一一四五年に完成。

新羅《しらぎ》、法興《ほうこう》(ポップン)王二十三(五三六)年にはじめて年号を称して建元元年としたとある。このころから新羅は、仏教をはじめ、中国の文物制度を取り入れて国家体制を整備し、急速に台頭するのである。その後、真徳(チンドク)女王の太和三(六四九)年まで六代の王に七つの年号が建てられたが、これらの年号は、新国王が即位してもただちには改元せず、しばらく前王の年号を踏襲しており、改元の方法が中国とは異なっている。したがって、新羅人が年号をどのように認識していたのかという問題も残る。ただ、太和二年に新羅から唐に朝貢使節が派遣されたさい、唐の太宗から、「新羅は唐に仕えているのに、なぜ別に年号を用いるのか」と責められたことがあった。このとき、使節は「わが国ではかつて中国から暦を頒賜《はんし》されたことがなく、法興王以来年号を使用しているが、唐がお命じになるならやめることにいたします」と答えている。そして翌年使節が帰国してこのことを報告すると、女王はさらにその翌年に自国の年号を廃止し、唐の永徽《えいき》元(六五〇)年を採用したのである。

　この唐の年号永徽の採用にかんして、高麗《こうらい》を代表する知識人の一人である金富軾は「かりにも天下を争うとか、天下をねらうとかいうのでなければ、小国

▼**広開土王**(三七四〜四一二、在位三九一〜四一二)　高句麗最盛期を築いた王、日本では好太王といわれることが多いが、好太王の称号をもつ王は複数存在する。

で天子に臣属する者は、勝手に年号を定めるものではない。新羅の場合はもっぱら中国に事《つか》え、継続して朝貢してきた。それなのに、法興王が年号を建てたのはいったいどうしたことだろう。その後も長年にわたって過ちを犯しつづけ、太宗の叱責にあってもすぐには改めず、この年にようやく唐の年号を用いた。やむをえないことではあったが、そもそも過ちを改めたために真の過ちに陥らずにすんだといえようか」(『三国史記』)と論評している。もちろんこれは、事件当時の新羅人の認識をそのまま反映するものではかならずしもなかろう。

『三国史記』には収録されていなくても、同時代資料である金属製の器物や碑石に刻まれた金石文に、年号が記されているものがある。例えば、延寿《えんじゅ》、延《えん》嘉《か》、建興《けんこう》、永康《えいこう》は、高句麗《こうくり》の年号の可能性があるもの(延寿は新羅、建興は百済の年号とする説もある)として知られている。また天下的世界認識の存在を示す資料のなかで年号が使用されているものに、有名な高句麗の「広開土《こうかいど》(ファンゲト)▲王《おう》陵碑文(好太王《こうたいおう》碑文)」がある。「百残《ひゃくざん》(百済を卑しめた表現)、新羅旧《もと》属民、由来朝貢す」のように、百済や新羅を、旧来高句麗に朝貢する属民と記すこの碑文には、広開土王の永楽という年号(永楽元年は三九一年)がみえ、永楽(ヨン

以遂是歳始行中國永徽年號
論曰三代更正朔後代稱年號皆所以大一統
新百姓之視聽者也是故苟非乘時並起兩立
而爭天下與夫姦雄乘間而作覬覦神器則偏
方小國臣屬天子之邦者固不可以私名年若
新羅以一意事中國使航貢篚相望於道而法
興自稱年號惑矣厥後承愆襲繆多歷年所
聞太宗之請讓猶且因循至是然後奉行唐號
雖出於不得已而抑可謂過而能改者矣

●『三国史記』　金富軾の論評がみえる。

●『三国史記』による新羅の年号紀年と王の即位紀年

西暦	年号 紀年	国王 即位紀年
536	建元 元年	法興王 23年
539	建元 4年	法興王 26年
540	建元 5年	真興王 元年
550	建元 15年	真興王 11年
551	開国 元年	真興王 12年
567	開国 17年	真興王 28年
568	大昌 元年	真興王 29年
571	大昌 4年	真興王 32年
572	鴻斉 元年	真興王 33年
575	鴻斉 4年	真興王 36年
576	鴻斉 5年	真智王 元年
578	鴻斉 7年	真智王 3年
579	鴻斉 8年	真平王 元年
583	鴻斉 12年	真平王 5年
584	建福 元年	真平王 6年
631	建福 48年	真平王 53年
632	建福 49年	善徳女王 元年
633	建福 50年	善徳女王 2年
634	仁平 元年	善徳女王 3年
647	仁平 14年	善徳女王 16年
647	太和 元年	真徳女王 元年
649	太和 3年	真徳女王 3年

二九登祚号為永樂太王恩澤
于皇天威武
被四
冊有九宴駕棄國以甲寅年九月廿九日乙酉遷就
永樂五年歳在乙未王以碑麗不息
又躬率住討叵

●広開土王碑文　酒匂《さかわ》景信《かげあき》氏将来本（墨水廓塡本）。「永楽五年」の年号がみえる。

▼**『高麗史』** 全一三九巻。紀伝体で書かれた高麗王朝にかんする歴史書。金宗瑞、鄭麟趾らによって編纂され、一四五一年完成。

高麗王朝初期の年号

西暦	年号 紀年	国王 即位紀年	五代・宋の年号紀年の始行
918	天授 元年	太祖 元年	
933	天授 16年	太祖 16年	後唐 明宗 長興４年
938		太祖 21年	後晋 高祖 天福３年
944		恵宗 元年	
946		定宗 元年	
948		定宗 ３年	後漢 高祖 乾祐元年
950	光徳 元年	光宗 元年	
951	光徳 ２年	光宗 ２年	後周 太祖 広順元年
960	峻豊 元年	光宗 11年	
963	峻豊 ４年	光宗 14年	宋 太祖 乾徳元年

ナク）太王と号した広開土王の「恩澤《おんたく》は皇天（天）に洽《あまね》く、威武は四海（世界）に振《しん》被《ひ》す（おおいにおよぶ）」と刻されている。

高麗王朝における年号の使用

自国中心の天下的世界認識は、高麗にもみられる。『高麗史』▲によると、九一八年に太祖（テジョ）王建（ワンゴン）は国号を高麗として即位し、天授という独自の年号を建てた。しかし、天授十六（九三三）年に、中国の五代の後唐から高麗国王に冊封《さくほう》され暦を頒賜されると、以降は後唐の年号長興《ちょうこう》を用いた。その後、中国の王朝の交替に従って高麗では、九三八年から後晋の年号天福を、九四八年から後漢の年号乾祐《けんゆう》を用いている。九五〇年、第四代光宗（クァンジョン）が即位すると独自の光徳と建元したが、翌年には後周の年号広順を採用した。九六〇年に光宗はふたたび独自の峻豊《しゅんほう》と建元するが、九六三年には宋の年号乾徳を採用している。

このように建国当初の高麗では、自国の年号と中国の王朝の年号とが交互に使用されるが、これは五代という混乱期に、中国の王朝の対外的な圧力が比較

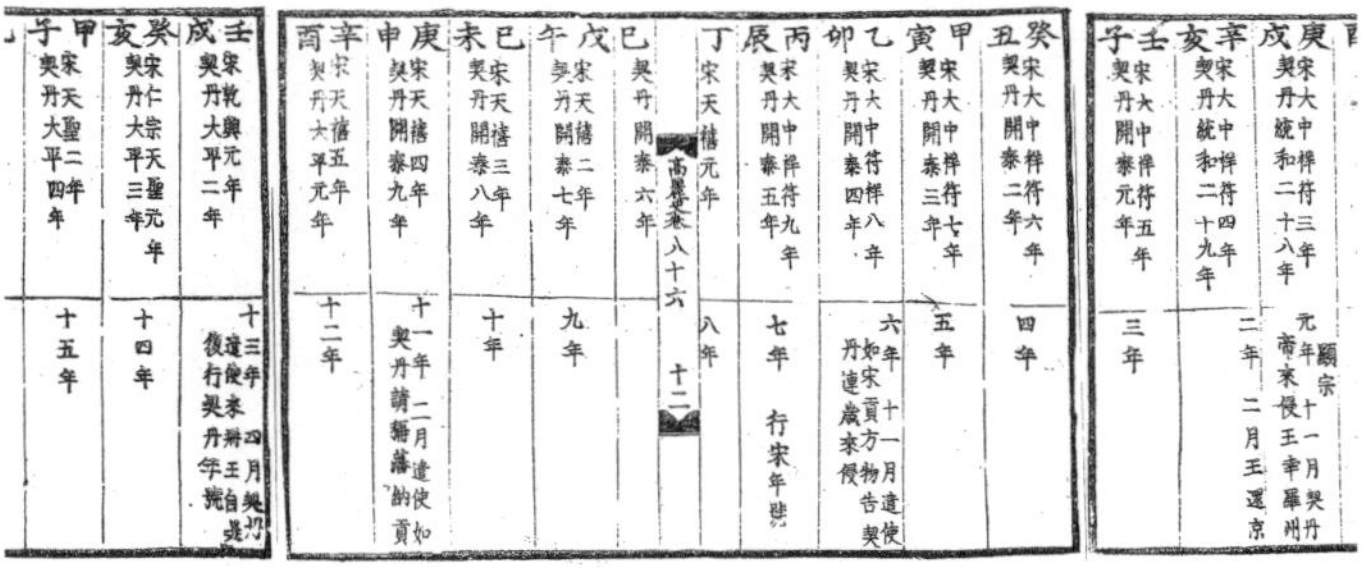

年	中国	高麗
庚戌	宋大中祥符三年 契丹統和二十八年	顕宗元年 十一月契丹帝来侵王幸羅州
辛亥	宋大中祥符四年 契丹統和二十九年	二年 二月王還京
壬子	宋大中祥符五年 契丹開泰元年	三年
癸丑	宋大中祥符六年 契丹開泰二年	四年
甲寅	宋大中祥符七年 契丹開泰三年	五年
乙卯	宋大中符祥八年 契丹開泰四年	六年 十一月遣使如宋貢方物告契丹連歳来侵
丙辰	宋大中祥符九年 契丹開泰五年	七年 行宋年號
丁巳	宋天禧元年 契丹開泰六年	八年
戊午	宋天禧二年 契丹開泰七年	九年
己未	宋天禧三年 契丹開泰八年	十年
庚申	宋天禧四年 契丹開泰九年	十一年 二月遣使如契丹請稱藩納貢
辛酉	宋天禧五年 契丹太平元年	十二年
壬戌	宋乾興元年 契丹太平二年	十三年 四月契丹遣使来冊王自是復行契丹年號
癸亥	宋仁宗天聖元年 契丹太平三年	十四年
甲子	宋天聖二年 契丹太平四年	十五年

高麗史巻八十六 十二

『高麗史』表、年表一　顕宗七年の条に「行宋年号」、同十三年の条に「復行契丹年号」とある。

的弱くなったためだとみられる。高麗は独自の年号を使用しながら、中国に新たに誕生した王朝の政権が安定するとその冊封を受けて、その年号を用いたのである。ただ、その場合でも、国内では王の自称を朕、命令を制、詔、と記し、都の開城《かいじょう》(ケソン)(開京《かいきょう》(ケギョン))を皇都と称していた。また宮廷で演奏された頌歌《しょうか》にも、「海東天子」や「南蛮北狄自ら来朝す」という表現がみえる。金石文には、「高達寺元宗(ウォンジョン)大師恵真塔碑」のように、「乾徳《けんとく》九年」(九七一年)と宋の年号(じつは宋では乾徳は六年までしかない)によって年次を記しながら、光宗の命令を「皇帝陛下詔して曰く……」と刻しているものもあるのである。なお独自の年号とされる峻豊は、宋の年号建隆と同じであるとする説があり、有力である。高麗では中国の制度を取り入れて、王の諱《き》(いみな)をはばかる習慣があり、太祖の諱建と太祖の父の諱隆(ユン)を避けるために、建隆と似た意味をもつ峻豊としたとするのである。

　朝鮮初期に『高麗史』を編纂した知識人たちは、もちろん儒教をはじめとする中華の文明の素養をもったいわば文明人であった。したがって、『高麗史』の凡例には「司馬遷の『史記』では、天子については本紀、諸侯については世家の項目を立てて叙述した。『高麗史』の編纂にあたっては、王については世家として名分▲を正した」とあるように、儒教的な価値観にのっとって名分を重視した。ただ実際の記述では「王に廟号《びょうごう》▲を贈るのに、例えば光宗のように宗を称したり、陛下、太子、制、詔等の語を用いるのは分をこえたものであるが、今は当時の用例に従い、実情を保存した」という立場をとった。独自の年号の存在や、海東天子、皇帝陛下のような表現は、西欧近代の文明を背景にもつ民族主義の立場からみた歴史叙述では、独自性、独立心を示すものとして歓迎され、高く評価されることが多い。前近代の天下的世界認識と、近代以降の国際認識とは次元を異にするものではあるが、『高麗史』の編纂者たちは、自分たちの価値観に合致しない実情をしぶしぶ保存したことで、皮肉にも文明の相違をこえて、別の文明の価値観を読み込むことのできる貴重な資料を残したことになる。

その後、高麗は北方に興亡する契丹《きったん》（遼）、女真（金）、蒙古（元）の圧力をつぎつぎに受けた。九九四年には契丹の年号統和《とうわ》を用いたが、契丹の侵入がたびかさなると、一〇一五年宋に遣使して援軍を要請し、翌年からは宋の年号大中《だいちゅう》

▼**名分**　司馬遷の『史記』は、天子にかんする事跡の記述を本紀、諸侯にかんする事跡の記述を世家にまとめた。『高麗史』編纂時、朝鮮は宗主国明の冊封を受けた諸侯国なので、明へ配慮して本紀は設けず、歴代国王の記述を「太祖世家」のように世家にまとめたのである。なお高麗時代の『三国史記』では、「新羅本紀」のように本紀にまとめられている。

▼**廟号**　天子、国王がなくなったあと、その霊を宗廟に祀るとき、贈られる名。本来とくに功績の大きい者にかぎって贈られたが、中国では唐代ころにはほぼ全員に贈られるようになった。唐の太宗、明の成祖のたぐい。

祥符《しょうふ》を用いた。ただ、一〇二二年には契丹の太平を、そして三八年には同じく契丹の重熙《じゅうき》を用いている。契丹を北朝、宋を南朝と呼んだが、北朝にたいしては「国家好《よしみ》を北朝に結び、辺（辺境、国境周辺）に急警なく民其の生を楽しむ。此れ邦を保つの上策なるを以ってなり」（『高麗史』）のように、あくまで武力を警戒したための事大だったのである。

契丹の年号を用いているからといって、南朝の宋との関係がまったく途絶したわけではない。宋の商人はしばしば高麗に来航し、高麗国王は臣と称して宋へ使節を送り、宋の使節も高麗にきていた。なかには宋の皇帝が、病気の高麗国王のために医師や薬を送った例もあるように、交流は活発であった。高麗には『太平御覧《たいへいぎょらん》』▲『文苑英華《ぶんえんえいか》』▲『冊府元亀《さっぷげんき》』▲『資治通鑑《しじつがん》』▲などの書物がもたらされ、宋の礼楽や官制も積極的に導入された。高麗が中華の礼楽文物▲を重んじ、その整備が進んでいることを評価した宋は、高麗からの使節の下馬所を「小中華之館」と称した（『高麗史』）。また、使節として派遣された高麗の官僚朴寅亮《ぼくいんりょう》（パクイリャン）、金覲《きんきん》（キムグン）が作成した詩文の素晴らしさに宋の人士が感嘆し、二人の詩文集を刊行して『小華集』と名づけた（『高麗史』）。このように、高麗に

▼**『太平御覧』**　北宋初期に編纂された類書（一種の百科事典、百科全書）。一〇〇〇巻、五五部、四五五八類に分かれる。

▼**『文苑英華』**　北宋初期に編纂された書物。一〇〇〇巻、目録五〇巻。梁から唐にいたる詩文を集成し、文体に従って五五類に分けている。

▼**『冊府元亀』**　北宋初期に編纂された。一〇〇〇巻、目録一〇巻。事類、人物によって編成され、三一部、一一〇四門に分かれる。

▼**『資治通鑑』**　北宋の司馬光の著作。二九四巻、編年体で書かれた通史。

▼**礼楽文物**　高麗では光宗九（九五八）年に科挙制が施行され、唐や宋に倣った官僚制度が整えられて、文武両班の語も使われた。また、王朝でおこなわれる祭祀などの儀礼の制度や宮中で奏される雅楽にも、唐や宋の強い影響がみられる。

▼**干支**　十干（甲乙丙丁……）と十二支（子丑寅卯……）を甲子、乙丑、丙寅のように順番に組み合わせて、年次を表記するもの。なお、六〇年で一周して同じ干支にもどるが、それを還暦という。

中華の文明が浸透していることが、自他ともに認められるようになり、のちの朝鮮王朝後期の両班（ヤンバン）知識人が誇りをもって用いる小中華、小華の語も、このころから使われはじめたのである。高麗が遼の冊封を受けることにかんして宋は、一一一〇年、徽宗の高麗国王睿宗《えいそう》（イェジョン）への密諭《みつゆ》で「王已《すで》に北朝の冊命を受く。南北の両朝は通好百年、義兄弟に同じ。故に復《ま》た王に冊せず。但だ今詔を賜はしむ」（『高麗史』）という立場をとり、介入することはなかったのである。

一一一六年、高麗では遼の年号天慶の使用を廃止した。遼が女真（金）の侵攻を受けて、滅亡に瀕しているという情勢判断をしたためであった。ただ、その後の金の勃興をはかりかねたことと、宋に赴いた高麗の使節の発言にみえる「女真は人面獣心、夷獠《いりょう》（夷狄）の中最も貪醜《たんしゅう》（貪欲で醜悪）たり」（『高麗史』）というような女真蔑視とによって、このときは金の年号を用いることはせず、干支《かんし》▲を使用することにしている。しかし、一一二五年金が遼を滅ぼすと、翌年高麗は臣と称して金に使節を送り、宋からの、おそらくは必死の思いからなされた金挟撃の要請にも「小藩世々厚徳を蒙《こうむ》り、常に尽忠《じんちゅう》を報上に願ふ。豈《あ》に能《よ》く勤王に意なからんや。……賊勢《ぞくせい》兇強《きょうきょう》、未だ宜しく軽触すべからず。虜地《りょち》険隘《けんあい》、豈に長駆《ちょうく》し易からんや」（『高麗史節要』▲）と答えている。宋から受けた恩義と高麗の宋にたいする忠義の思いを強調し、金のことを賊、虜と記してはいるが、強力な金にたいして兵を送ることなどできずに断ったのである。そして、翌一一二七年、金は宋の徽宗と欽宗《きんそう》の二人の皇帝を捕虜とし、宋はいったん滅びることになる（靖康《せいこう》の変▲）。

『高麗史』によると、高麗は一一四二年に金の年号皇統を使用することを決めるが、興味深い金石文資料もある。一一四一年の「興王寺圓明《えんめい》（ウォンミョン）国師《こくし》碑」には、宋（南宋）と金の二国の年号を「大宋紹興十一年大金皇統《こうとう》元年辛酉《しんゆう》春正月」のように併記している。このような例はじつは以前にもあり、それは宋（北宋）と遼の二国の年号を併記するものである。一一〇一年の「興王寺大覚（テガク）国師墓誌」には「歳（大宋建中靖国《けんちゅうせいこく》元年、大遼乾統《けんとう》元年）十一月四日刻」とあるのである。前者は『高麗史』の記述より一年先だって、金の年号皇統が高麗で使用されている例であるが、それはともかく、南朝と北朝の年号を併記し、しかも南朝を先に記していることに、南朝と北朝のあいだで外交に腐

▼**『高麗史節要』** 全三五巻。『高麗史』成立の翌年、同じ編纂者によってまとめられた編年体の歴史書。

▼**靖康の変** 一一二六年、金が北宋の都開封を占拠、翌年、徽宗、欽宗を后妃、王族とともに拉致し北方に連れ去った。北宋は滅亡した。

心し、また慕華《ぼか》と事大《じだい》のあいだで苦慮する高麗の姿が浮かびあがるといえよう。

ただ、国内では自国中心の天下認識はやはり色濃く存在していた。一一二二年の睿宗の死は、名分のうえで天子の死を意味する崩《ほう》(なお、諸侯の死は薨《こう》と表現される)と記され、しかも「遺詔して曰く、朕天地の景命(大いなる命)を荷《にな》い、祖宗《そそう》の遺基を奉じて、三韓(昔の三韓があった地域、つまり朝鮮を示す雅号)を奄有《えんゆう》(すべて保つ)すること十有八歳(一八年)」(『高麗史』)とあるように、天子しか使用できない詔、朕の語をあい変わらず用い、天地の命を受けて高麗をおさめたと表現しているのである。また、天子の特権とされる圓丘《えんきゅう》で天を祀る儀礼もおこなわれ、本来は仏教儀礼であるが、土着の光明神や天の信仰を取り入れた八関会《はっかんえ》という儀式には、宋、女真、耽羅《たんら》(タムナ)(済州島(チェジュド))、日本の商人も国王にたいする朝賀に参加していた。先述の、自国を中心にした天下認識を背景にもつ檀君説話が、文献上に定着するのは十三世紀のことであるが、そのもとになった記録は、高麗が契丹の侵入に苦しんでいた十世紀ころに成立したとみられている。

●—『高麗史』 詔や朕の語がみえる。

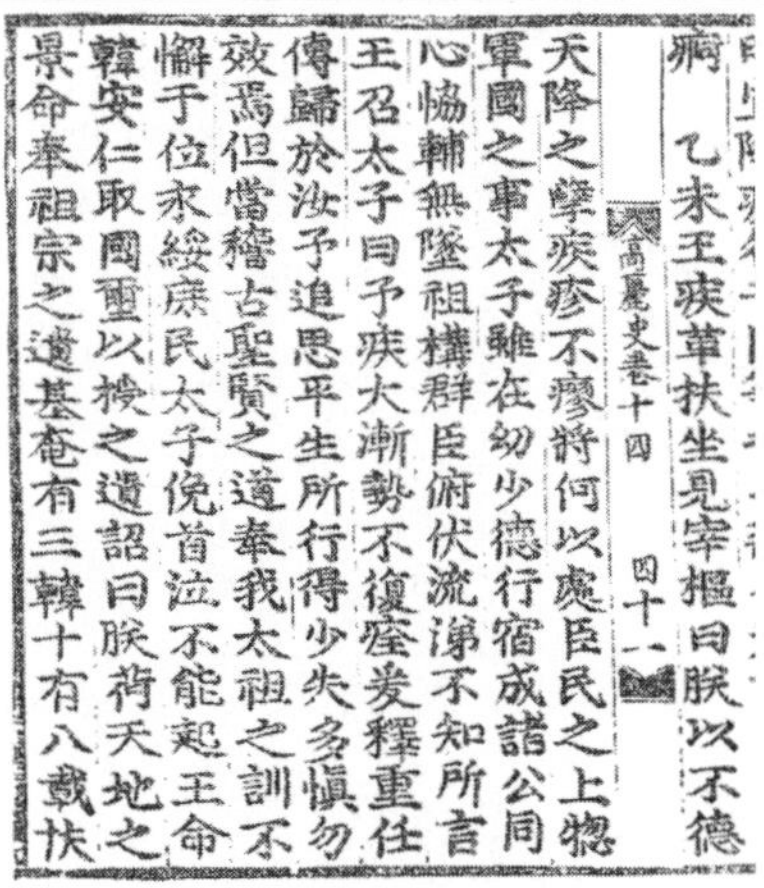
病　乙未王疾革扶坐見宰樞曰朕以不德
高麗史卷十四　四十一
天降之孽疾疹不瘳將何以處臣民之上揔
軍國之事太子雖在幼少德行宿成諸公同
心協輔無墜祖構群臣俯伏流涕不知所言
王召太子曰予疾大漸勢不復痊爰釋重任
傳歸於汝予追思平生所行得少失多愼勿
效焉但當稽古聖賢之道奉我太祖之訓不
懈于位永綏庶民太子俛首泣不能起王命
韓安仁取國璽以授之遺詔曰朕荷天地之
景命奉祖宗之遺基奄有三韓十有八載扶

●—「駙馬・高麗国王」の系譜

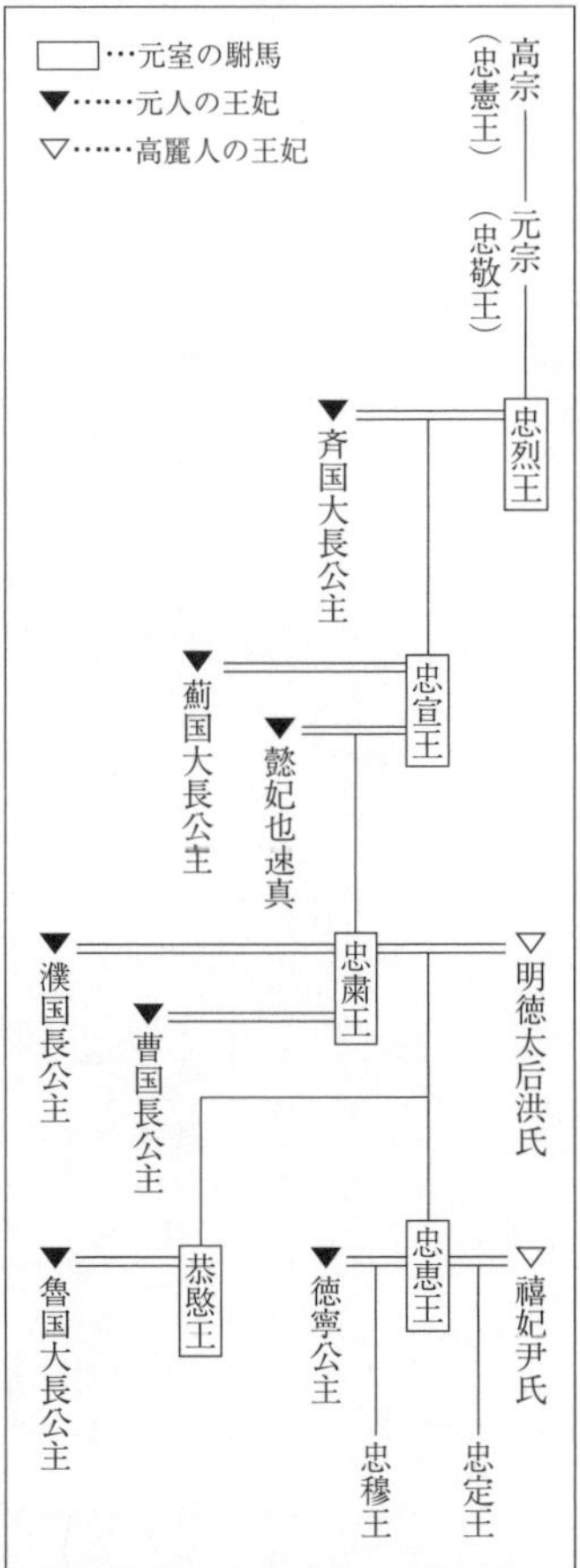

●—興王寺大覚国師墓誌の拓本（上）と釈文

轀朝命有司備禮荼毗已遷靈骨於靈通寺東山築石室以肂焉偉矣哉國師
處世之萬化我聖上追崇之衆美暨國師門下傳六宗之濟濟者光於國史亦載塔碑
此不具書略述大槩其銘曰」
師之德足以繼諸佛　化足以益衆生　行足以扶正道」　智足以發大誠而銘之以
此足以流其光明」
□德耶秘書郞賜緋臣高世儁奉　宣書
□歲 大宋建中靖國元年 大遼乾統元年 十一月四日刻□」

元支配期の高麗王朝

一二二四年、金が衰微したため、高麗は金の年号の使用を停止した。しかし、かわって勃興した蒙古がしばしば侵入し、一二三二年、国王高宗(コジョン)は都を江華島(カンファド)の江都(カンド)に移して避難したものの、やがて五九年には服属することに決した。蒙古の要求に従い、太子を世祖フビライのもとに送るとともに、旧都開城にふたたび遷都したのである。この年、太子が即位し(元宗)、翌年から蒙古の年号中統を用いたが、蒙古(元)への服属のかたちは従来と大きく変わった。高麗国王に冊封されることは同じであったが、歴代の国王は元帝室の駙馬《ふば》つまり娘婿となった。これによって元における高麗国王の権威は高まったとはいえるが、元の意向が公私にわたって浸透し、強い干渉や介入を受けることにもなった。高麗では朕、詔、勅、陛下、太子、崩などの語の使用をやめ、官制、官職名も、元との重複をはばかって改めた。光宗・睿宗などのような国王の廟号を独自につけることも廃止され、元から賜った諡《し》▲(おくりな)のみとなった。それも元からは、忠烈(チュンニョル)王、忠宣(チュンソン)王、忠粛(チュンスク)王、忠恵(チュンヘ)王のように忠字を含む諡が下賜された。衣冠

▼**諡**　人の死後に、その人の生前の行いにかなうように贈られた称号。例えば朱熹の諡は文。そこで朱熹は文公と呼ばれることがある。また漢の武帝は、諡の孝武皇帝による通称である(武帝の廟号は世宗)。なお、諡を臣が君を評価するものだとして廃止しようとしたのが秦の始皇帝である。

▼**安珦**(号は晦軒、一二四三〜一三〇六)　朝鮮王朝時代は第五代国王文宗の諱珦を避けて、安裕と呼ばれた。高麗の国学(最高学府)の整備と文教の振興に功績があり、晩年にはつねに朱子の肖像画をかざって敬慕し、朱子の号晦庵にちなんで自号を晦軒としたという。朝鮮で最初に建てられた書院は、彼を祀った白雲洞書院(のちの紹修書院、朝鮮最初の賜額書院)である。

▼**『四書集注』**　『四書』は『大学』『中庸』『論語』『孟子』の四書。朱子が重んじたため、『五経』とならんで儒教の重要な経典となった。『四書集注』は『四書』にたいする朱子の注釈書。

服飾の制も当初は高麗の俗に従うことが認められたが、大都に滞在することが多かった国王や、つぎの国王予定者である世子は、当然辮髪《べんぱつ》して元の衣冠を身につけており、やがて国内の官僚もみなそれに倣うことになった。ただ、それでも自国中心の天下認識は消滅しなかった。忠烈王の死は諸侯の死を意味する薨と記され、「遺教して曰く、不穀《ふこく》、天地祖宗の佑《たすけ》を荷い、濫《みだ》りに王位に処《お》ること今や三十有五年」（『高麗史』）のように、王命を教、王の自称を不穀（穀は善の意、不穀は不善で謙遜の表現）とし、名分上の格下げがおこなわれているが、修辞のうえで王と天地が直接つながっていることは、さきに述べた睿宗の遺詔と同じである。

このころ、安珦《あんきょう》（アニャン）▲らによって元から朱子学がもたらされた。『四書集注』▲が最高学府の成均館《せいきんかん》（ソンギュングァン）で講じられ、また科挙の科目としても課せられたとみられ、この科挙をつうじて、李斉賢《りせいけん》（イジェヒョン）▲、鄭夢周《ていむしゅう》（チョンモンジュ）▲、鄭道伝《ていどうでん》（チョンドジョン）▲といった多くの朱子学の素養をもつ新興の官僚が輩出した。朱子学では、それ以前の儒教に比べて名分を重視し、また朱子が生きた南宋は北の金と鋭く対決していたので、尊華攘夷の思想が徹底して

▼李斉賢（号は益斎、一二八七～一三六七）　元との外交交渉で重要な役割をはたしたほか、忠宣王が北京に建てた万巻楼で、元の学者と儒教の経典や歴史書について研究討論をおこない、高麗朱子学の基礎をかためた。

▼鄭夢周（号は圃隠、一三三七～九二）　李成桂推戴の動きに対抗し、高麗を支えようとしたが、李芳遠（のちの太宗）の配下の手にかかり、開城の善竹橋で暗殺された。朱子学者として名声が高く「東方理学之祖」といわれた。

▼鄭道伝（号は三峰、?～一三九八）　威化島（いかとう）の回軍後、李成桂の参謀として活躍、仏教の排撃や土地制度の改革などを強く主張した。朝鮮建国後も要職を歴任し、文物制度や国策の決定に多く関与したが、王位継承の内乱に座し誅殺された。

いた。したがって、中国で明が勃興すると、新興の官僚たちは元を夷狄視して親明勢力の中核を形成し、親元勢力と対抗するようになるのである。

十四世紀半ば、しだいに元の威力が衰えていくのをみた恭愍《きょうびん》(コンミン)王《おう》は、一三五一年に即位して元から帰国すると、辮髪を解き、元の直轄地に繰り入れられていていた半島北部の雙城総管府《そうじょうそうかんふ》を修復し、元の年号至正《しせい》をやめ、官制を旧にもどすなど元への服属政策を停止した。しかし国内の親元勢力はまだ健在で、元への使節も派遣されていた。元の皇帝が上都に逃れ(以後北元と呼ばれる)、一三六九年明の太祖洪武帝が即位すると、翌年高麗はその冊封を受けて洪武の年号を用いた。恭愍王の死後、一三七四年に親元勢力によって辛禑《しんぐ》(シンウ)王が即位すると、七七年には北元の冊封を受け、北元の年号宣光を用いた。さらに翌年には洪武に復し、北元と明の両方に使節を送るというように、この間高麗は国内での親元親明両勢力の対立をかかえて、事実上両属の外交をおこなわざるをえなかった。その後、一三八五年には明からの冊封を受け、前王に恭愍の諡が下賜された。一三八七年には、高麗の使節が明の衣冠を身につけて帰ったのを機に、衣冠を明の制によることとしたが、辛禑王自身は明の冠服を

●—安珦

●—紹修書院(慶尚北道栄豊)

●—紹修書院にある白雲洞の額

身につけなかったという。

一三八八年、明から、恭愍王が高麗の領土として回復した旧の雙城総管府の管轄下にあった鉄嶺(チョリョン)以北の地を、明の領土として遼東に帰属させるむねの皇帝の聖旨がもたらされた。高麗国内ではいっきょに反明意識が高まり、宮中でも辮髪し元服を身につける者が多くなった。そして論議の結果遼東を攻撃することに決し、軍が平壌を出発すると洪武の年号を停止した。しかし、遠征軍の指揮官としていったん出撃した李成桂は、配下の鄭道伝らの意見をいれて親明事大を標榜し、鴨緑江《おうりょくこう》(アムノッカン)の中洲、威化島《いかとう》(ウィファド)から軍を引き返した(威化島の回軍と呼ぶ)。李成桂は首都開城を制圧し、辛禑王と親元勢力を追放して実権を握り、年号を洪武に復した。

朝鮮王朝と年号

李成桂は、鄭夢周ら反対勢力を抑え、一三九二年に恭譲王からの禅譲の形式を整えて王位に即《つ》いた。この王姓から李姓へという易姓革命は、自国中心の天下認識を反映し、天命によるものとして正当化された。太祖李成桂の陵である

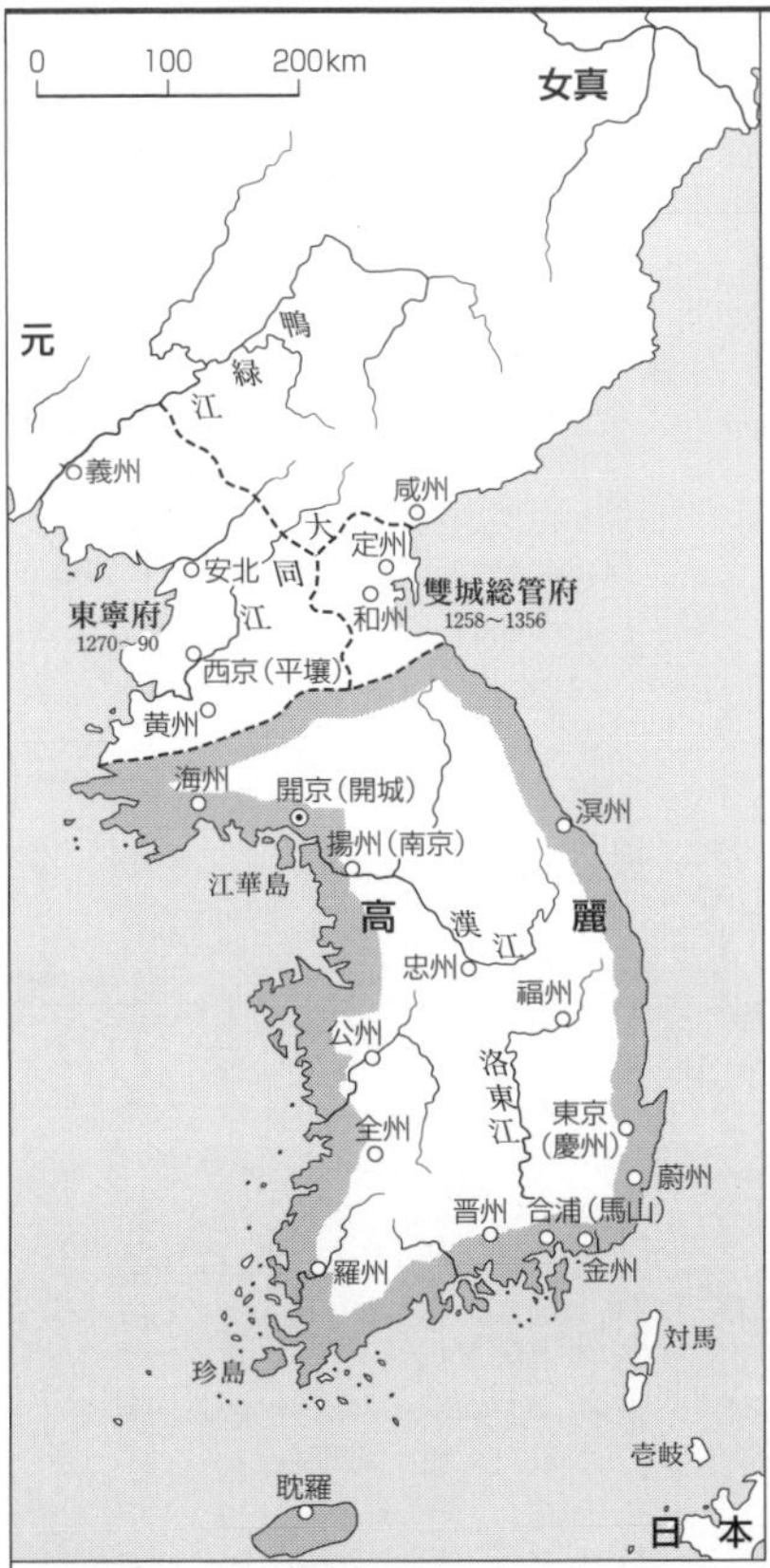

●──十三世紀の高麗

●──鄭夢周

●──太祖の健元陵などの王陵が集まる東九陵（ソウル近郊）

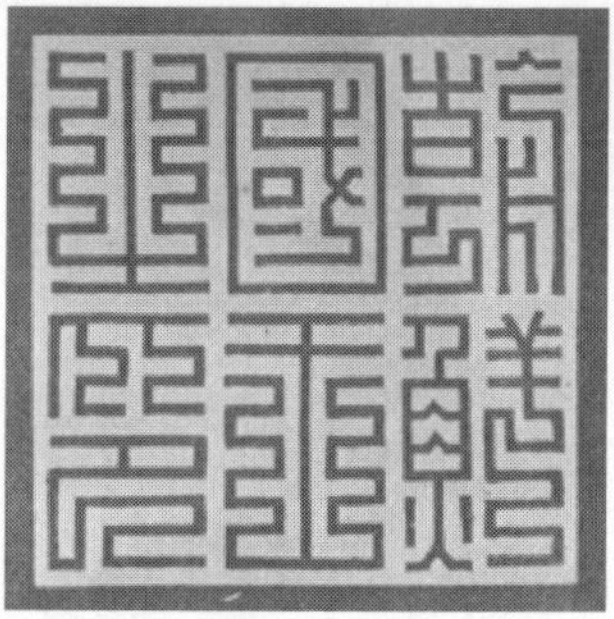

「朝鮮国王之印」

健元陵《けんげんりょう》(コヌォンヌン)の神道碑文冒頭の部分には「天有徳を眷《かえり》み、以って治運を開く」とあり、有徳者李成桂が天命を受けて即位するとされるのである。ややのちの十五世紀半ばにつくられた朝鮮の建国叙事詩が、『龍飛御天歌』と名づけられていることも、当時の意識のあらわれである。

ただ、明との関係も当然考慮しなければならず、即位後ただちに明に報告して、国王交替の承認と事大の関係の継続を求めている。このとき、明から、高麗は山や海をへだてた彼方《かなた》にあり、東夷は中国のおさめる所ではないという内容の文書がもたらされたことは、先述のとおりである。このときの国号はまだ高麗を踏襲しており、李成桂の肩書も「権知高麗国事」いわば仮の国王というものであった。朝鮮という国号が定められたのは、翌一三九三年である。前年冬に明が国号の改定を問題としたので、李成桂政権は、朝鮮と和寧《わねい》(ファニョン)(李成桂の地盤であった咸鏡南道《かんきょうなんどう》(ハムギョンナムド)永興(ヨンフン)の旧名にちなむもの)の二つを候補として打診すると、明は周の武王が箕子《きし》を朝鮮に封じたという由緒のあるものとして朝鮮の国号を勧めた(檀君《だんくん》朝鮮は明ではまだ知られていなかった)。このことによって、のちに朝鮮王朝の両班知識人が、周と箕子朝

●李氏朝鮮系図

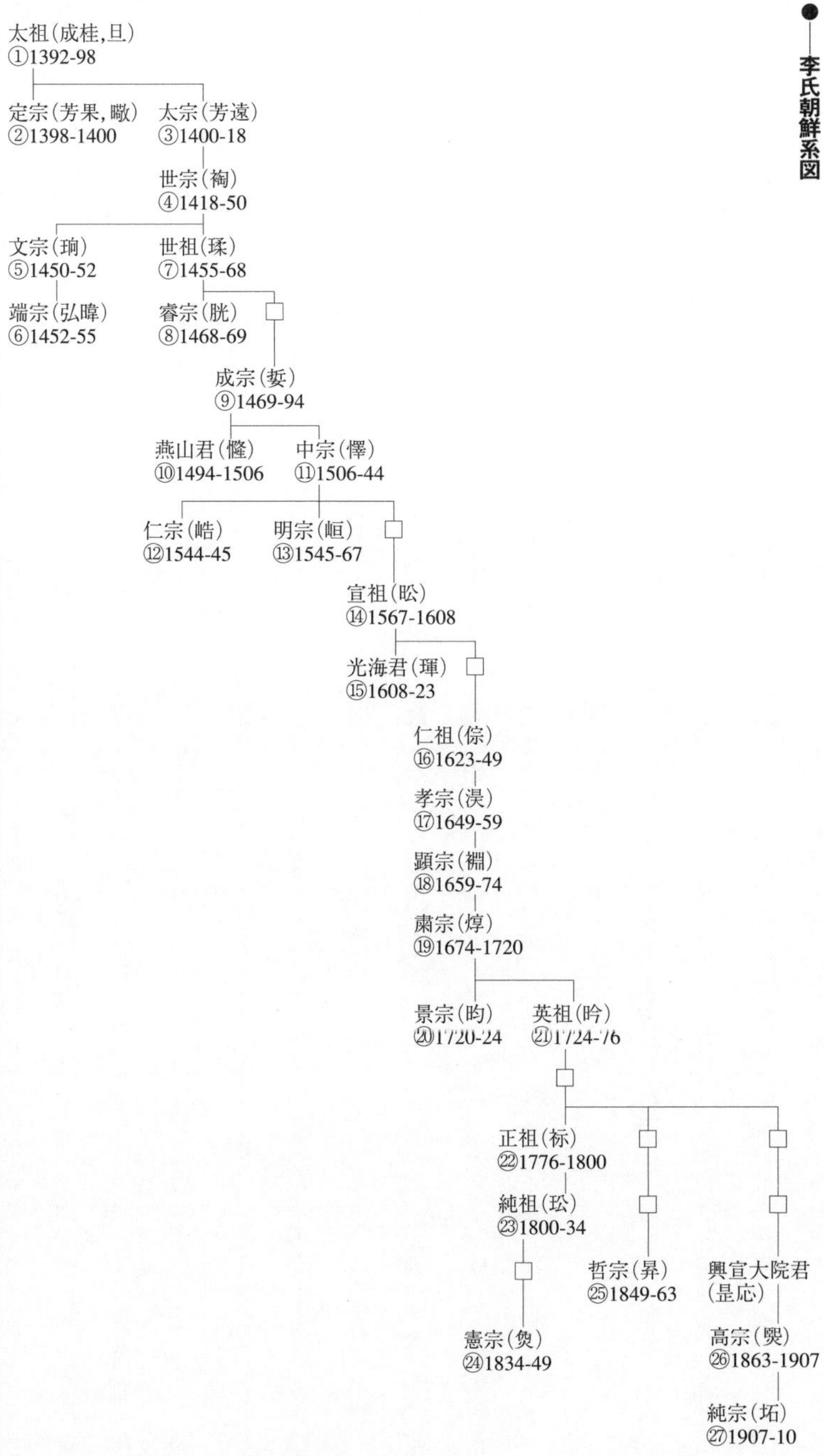
太祖(成桂,旦)
①1392-98
定宗(芳果,曔)
②1398-1400
太宗(芳遠)
③1400-18
世宗(祹)
④1418-50
文宗(珦)
⑤1450-52
端宗(弘暐)
⑥1452-55
世祖(瑈)
⑦1455-68
睿宗(晄)
⑧1468-69
成宗(娎)
⑨1469-94
燕山君(㦕)
⑩1494-1506
中宗(懌)
⑪1506-44
仁宗(峼)
⑫1544-45
明宗(峘)
⑬1545-67
宣祖(昖)
⑭1567-1608
光海君(琿)
⑮1608-23
仁祖(倧)
⑯1623-49
孝宗(淏)
⑰1649-59
顕宗(棩)
⑱1659-74
粛宗(焞)
⑲1674-1720
景宗(昀)
⑳1720-24
英祖(昑)
㉑1724-76
正祖(祘)
㉒1776-1800
純祖(玜)
㉓1800-34
憲宗(奐)
㉔1834-49
哲宗(昪)
㉕1849-63
興宣大院君
(昰応)
高宗(㷩)
㉖1863-1907
純宗(坧)
㉗1907-10

鮮との関係を、明と李氏朝鮮との関係に擬すようになるのである。

元服属下の高麗とは異なり、朝鮮の国王には、太祖、太宗(テジョン)などのように、その死後に廟号が贈られた。諡も国内で贈られたが、一方で明からも下賜された。例えば李成桂は、その死の直後、国内で太祖の廟号と、至仁啓運聖文神武大王の諡が贈られ、その後明からも康献《こうけん》(カンホン)の諡を下賜された。したがって、神主《しんしゅ》(位牌)には両者をあわせて有明賜諡康献皇考太祖至仁啓運聖文神武大王(有明は明のこと、有は語調を整える辞、また皇考は亡父の敬称)と書かれたが、明では、以後もっぱら康献王と呼ばれたのである。朝鮮では、李成桂の実権掌握のさいに親明事大が標榜されたことを受け、年号は明のものが以後継続して用いられ、また元服属下の高麗の状況を継承し、朕、詔、勅、陛下、太子、崩のような天子にかかわる用語も使用されなかった。

もちろん自国を中心とした天下認識が消滅したわけではなく、すでに述べたように、野人、日本、対馬、壱岐、松浦、琉球国を四夷と表現した十五世紀半ばの世祖のときには、圜丘で天を祀る儀礼がおこなわれており、また、明によって吉林付近におかれた建州衛《けんしゅうえい》の野人(女真人)に官職を与えたことが、中国

●──混一疆理《こんいつきょうり》歴代国都之図　十五世紀初め

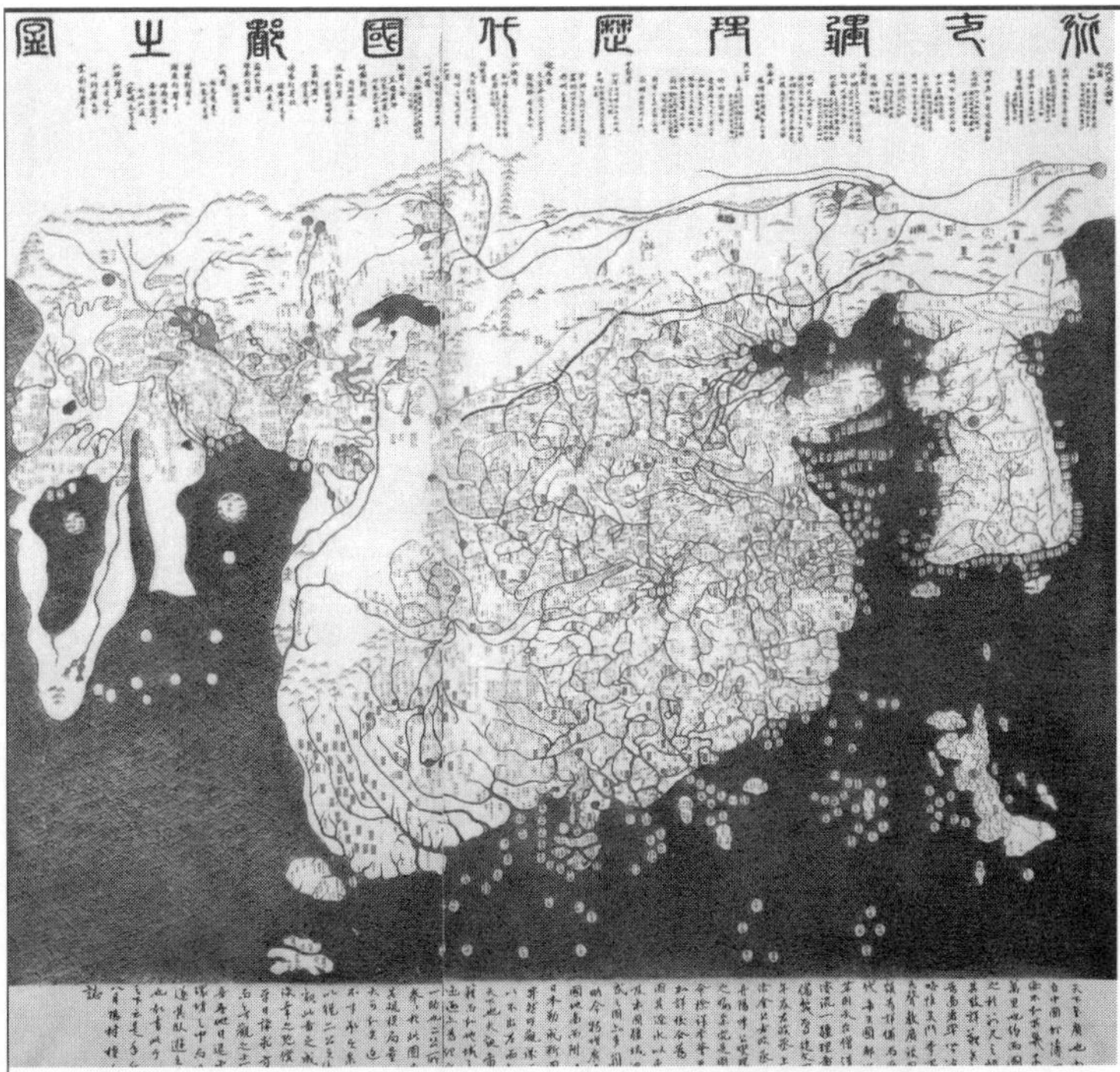

●──三田渡《さんでんと》の受降壇　ソウル特別市松坡区石村洞にある。一六三七年に朝鮮が清に臣属するにいたった経緯を記す。

●──朝鮮王朝前半期要図

▼**『懲瑟録』**　壬辰、丁酉の倭乱を、柳成龍が自己の体験にもとづき、後世への戒めの意味を込めて詳細に記録した書。日本でも江戸時代に刊行されており、よく読まれた。

を中心とする天下認識にもとづく秩序認識と抵触し、明から強い叱責を受けたこともあったのである。

十六世紀末の壬辰《じんしん》、丁酉《ていゆう》の倭乱にさいして、朝鮮の要請を受けて明が援軍を派遣してきたことは、その後の朝鮮の明にたいする意識を大きく変える契機となった。倭乱時に宰相であった柳成龍《りゅうせいりゅう》(ユソンヨン)(号は西厓《せいがい》(ソエ)、一五四二〜一六〇七)が著した『懲瑟録《ちょうひろく》』▲にもみえるように、朝鮮は実際には明の将兵の横暴に非常に苦しんだ。しかし、明の援軍のおかげで朝鮮は滅亡をまぬがれたという明にたいする恩義が、「再造《さいぞう》之《の》恩《おん》」として強調されるようになった。これは先述の事大と字小の理念にかなうものだったので、両班知識人に説得力をもって受け入れられ、以後崇明意識がいっそう高まったのである。

壬辰、丁酉の倭乱の記憶がまだ覚めやらない一六二七年と三六年に、朝鮮は二度にわたって清(後金)の侵攻を受けた。丁卯《ていぼう》、丙子《へいし》の胡乱と呼ぶ。とくに後者では、一六三七年、丁丑《ていちゅう》の年の正月に朝鮮国王仁祖(インジョ)は、尊明攘夷を掲げる金尚憲《きんしょうけん》(キムサンホン)(号は清陰《せいいん》(チョウン)、一五七〇〜一六五二)らの主戦論を退け、首都漢城(ハンソン)(現在のソウル)の南を流れる漢江の渡し場、三田渡《さんでんと》

（サムジョンド）に設けられた受降壇《じゅこうだん》で、自ら出陣してきた清の皇帝太宗にたいして、三跪九叩頭《さんききゅうこうとう》▲の礼をおこなって臣従を誓った。倭などとともに野蛮視し、夷狄とみなしてきた女真に臣従することのはなはだ屈辱的であったことは、胡乱という表現によくあらわれているが、このときから事大の対象が明から清に移り、年号も公的には清の崇徳を用いなければならないことになった。

清代以降の朝鮮王朝

一六四四年、流賊李自成が明最後の皇帝毅宗崇禎帝《きそうすうてい》を自殺に追い込み、さらにその李自成にかわって清の順治帝が北京に入城して、清の中国支配が始まった。明の帝室の一部は、南方に南明《なんみん》▲と総称されるいくつかの政権をつくったが、しかし清に順次撃破され、清の支配はしだいに確固たるものになっていった。このような状況下、朝鮮の両班知識人の多くが、夷狄の清が支配する中国の地では、もはや、古えのかぐわしい中華の文明は消滅し、「湩酪腥羶《とうらくせいせん》」（乳くさくなまぐさい）「腥穢讐域《せいわいしゅういき》」（なまぐさく汚れた仇敵の地）となってしまったとみるようになった。そして、本来の中華が汚されて消滅した以上、中華の文明や、明

▼三跪九叩頭　清の敬礼法の一つ。皇帝にたいして臣従を示す意味でおこなわれるもので、三度跪き、九度頭を地につけて拝する。

▼南明　明滅亡後、南方に誕生した朱姓（明の帝室の姓、国姓）の政権の総称。南京の福王（年号は弘光）、紹興の魯王、福州の唐王（年号は隆武）、広東肇慶で即位した桂王（年号は永暦）の政権があった。なお唐王を奉じて挙兵し、国姓の朱姓を下賜されたのが国姓爺鄭成功（一六二四〜六二）である。

の正統な継承者はわが朝鮮王朝しかないと考え、自国のことを、誇りをもって小華、小中華と称した。いわば中国を中心とした天下認識は後方に退き、浮上してきた自国を中心とした天下認識の裏面にかくれたのである。「小」の字はつくものの、朝鮮は地上に存在する唯一の中華▲になったのであり、両班知識人は以降、自国をよりいっそう理想の中華に近づけるための努力を積み重ねていくことになる。

清に服属し、朝貢する以上、朝鮮では公的には清の年号を使ったが、両班知識人は小中華意識のもと、私的な書簡や墓誌などに、明の最後の年号である崇《すう》禎《てい》や、南明の年号である弘光《こうこう》、隆武《りゅうぶ》、永暦《えいれき》を好んで使用した。なかでも広く用いられたのは崇禎で、本来の十四年より延長して十九世紀末まで一般的に使いつづけられた。それだけではなく、国内には明の皇帝を祀る施設も設けられた。胡乱のさいに尊明攘夷を主張し、のちに北伐論を主張した師宋時烈《そうじれつ》(ソンシヨル)▲の遺命に従った権尚夏《ごんしょうか》(グォンサンハ)(号は遂菴《すいあん》(スアム)、寒水斎《かんすいさい》(ハンスジェ)、一六四一〜一七二一)は、明が滅亡した年から六〇年目の同じ甲申の年を翌年にひかえた一七〇三年に、「再造之恩」ある神宗万暦帝と最後の皇帝毅宗崇禎帝を祀

▼唯一の中華　朝鮮が唯一の中華になった時期のことを、韓国では小中華ではなく、朝鮮中華という新たな造語を用いて表現することがある。ただ本書では、朝鮮という地域ないし種族をあらわす語を中華に冠して意味を限定するのは、本来の意味を歪めるという立場から、史料にそくして従来どおり小中華の語を用いる。

▼宋時烈(号は尤庵、一六〇七〜八九)　西人(老論)の領袖、李珥の学統を継ぐ礼学の大家金長生・金集父子の門人で、朱子学に傾倒し、畿湖(京畿、忠清道)学派の主流となった。嶺南(慶尚道)学派の李滉の学説を斥けるために「朱子言論同異考」を著し、『朱子文集』の注釈書『朱子大全箚疑(さつぎ)』をまとめた。後者は、老論の畿湖学派がその後も増補の作業を続け、李恒老(八〇頁参照)の『朱子大全箚疑輯補』にいたる。

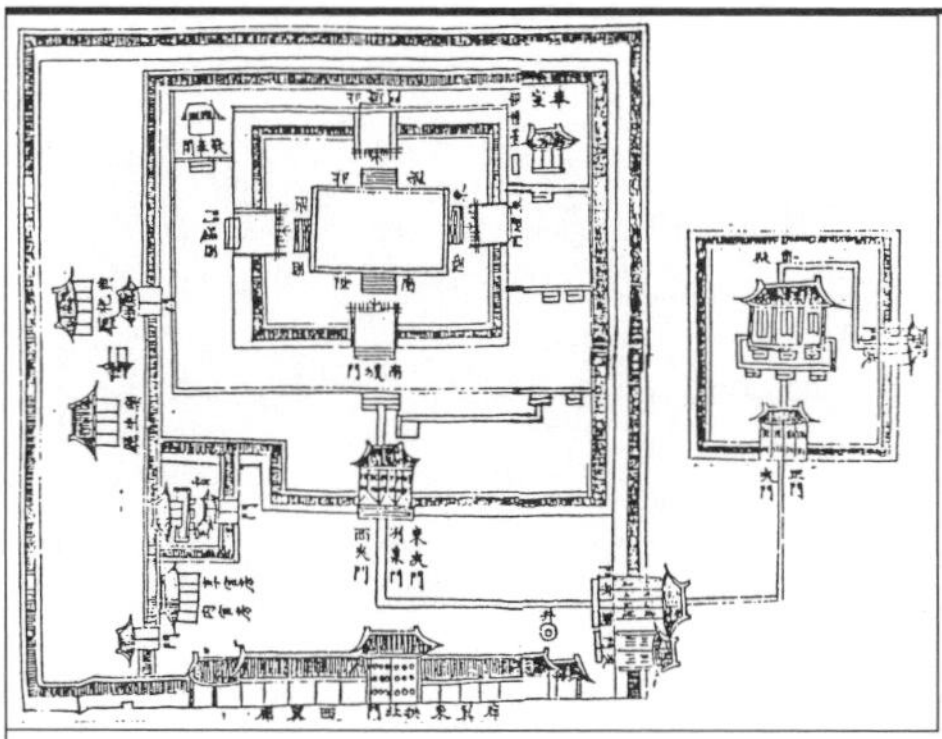

●—大報壇（皇壇）

●—宋時烈　孝宗の意を受け、対清復讐（北伐）計画を推進した老論の巨頭宋時烈の七十四歳のときの姿を伝える。

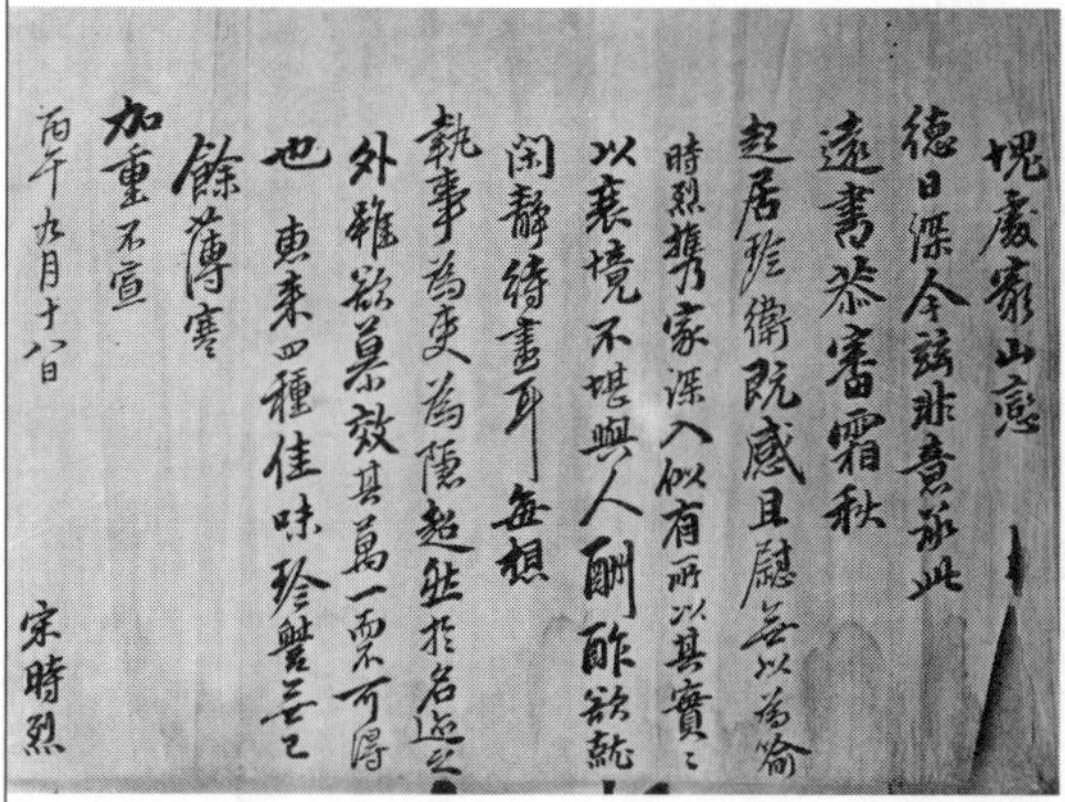
塊處窮山底
德日深今茲非意承此
遠書恭審霜秋
起居珍衛既感且慰無以為喩
時烈携乃家深入似有所以甚賓之
以衰境不堪與人酬酢欲就
閑靜繕書耳每想
執事為吏為隱超然於名途之
外雅欲慕效甚萬一而不可得
也　惠來四種佳味珍盤無已
餘薄塞
加重不宣
丙午九月十八日
宋時烈

●—宋時烈の書

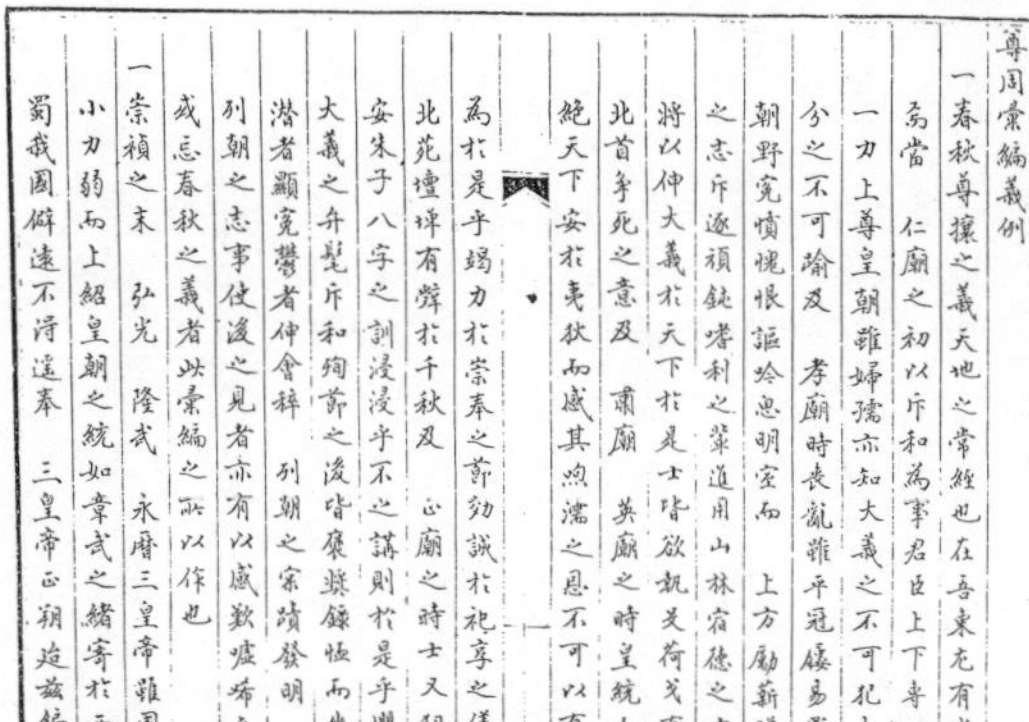
尊周彙編義例
一春秋尊攘之義天地之常經也在吾東尤有光
爲當　仁廟之初以斥和爲事君臣上下專心
一力上尊皇朝雖婦孺亦知大義之不可犯大
分之不可踰及　孝廟時喪亂雖平冠屨易置
朝野寃憤愧恨謳吟思明室而　上方勵薪膽
之志斥遜禎鈍嗜利之輩進用山林宿德之士
將以伸大義於天下於是士皆欲執戈荷戈有
北首爭死之意及　肅廟　英廟之時皇統已
絶天下安於夷狄而感其煦濡之恩不可以有
爲於是乎竭力於崇奉之節効誠於祀享之儀
北苑壇墠有辭於千秋及　正廟之時士又狃
安朱子八字之訓浸浸乎不之講則於是乎懼
大義之弁髦斥和殉節之後皆褒獎錄恤而幽
潛者顯寃鬱者伸會粹　列朝之宗蹟發明
列朝之志事使後之見者亦有以感歎噓唏無
或忘春秋之義者此彙編之所以作也
一崇禎之末　弘光　隆武　永曆三皇帝雖國
小力弱而上紹皇朝之統如章武之緒寄於西
蜀我國僻遠不得遙奉　三皇帝正朔追茲編

●—『尊周彙編』義例

万東廟址

る万東祠《ばんとうし》を、宋時烈にゆかりの地である清州(チョンジュ)近郊の華陽里(ファヤンニ)に建てた。また翌一七〇四年には漢城にも、国王粛宗《しゅくそう》(スクチョン)の命によって神宗万暦帝を祀る大報壇《だいほうだん》(皇壇《こうだん》)が建てられ、四九年には英祖(ヨンジョ)の命によって太祖洪武帝、毅宗崇禎帝をも合わせて祀るようになった。当初私的なものであった万東祠も、のちに王朝政府の保護と援助を受けるようになり、万東廟と呼ばれて権威をもった。

十八世紀後半には小中華意識は定着し、英祖は宋時烈を顕彰して孔子廟(文《ぶん》廟《びょう》)に従享《じゅうきょう》し、正祖は宋時烈の全集の刊行を促し、『朱子大全(朱子文集)』の体例に倣って、『宋子大全』の名称で刊行させた。また胡乱のさいに節義をつくした人物の事跡や、尊明の事例を集めた『尊周彙編《そんしゅういへん》』を編纂させるなど、この意識は正祖の時代には、いわば国是のようになった。そして、十八世紀末から浸透しはじめた天主教(カトリック)や、十九世紀に新たに出現した西欧列強の勢力に対抗する後述の衛正斥邪《えいせいせきじゃ》の主張に継承されたのである。

朝鮮は、一八七六年の朝日修好条規によって開港した。しかし、清との宗属関係は依然として続いていたので、年号は清のものが使われた。朝鮮をめぐって日本と清が対決した日清戦争が、一八九五年の下関条約の締結で終了すると、清は朝鮮との宗属関係の廃止を承認した。ただ、この前年に朝鮮では、日本の勢力を背景にして、甲午改革(甲午更張《こうちょう》)と呼ばれる近代化をめざす内政改革がおこなわれていた。そして、すでに清の年号光緒の停止と、開国紀年▲の使用が定められていたのである。続いて、太陽暦を採用し、陰暦の開国五〇四年十一月十七日を一八九六年一月一日とし、新年から建陽の年号を使用することとした。この年の年末には、近代化の一環として断髪令が公布されている。さらに翌一八九七年には、光武と改元し、国号を大韓(テハン)と改め国王高宗(コジョン)が皇帝に即位して、圜丘《かんきゅう》で天を祀る儀礼もおこなわれた。君主の地位を清や日本と同格にし、大韓帝国が成立したのである。しかし、それもつかの間、一九一〇年には韓国の最後の年号隆熙《りゅうき》は消滅し、日本の明治に、そして大韓帝国の皇帝は李王に格下げされたのである。

▼**開国紀年**　朝鮮王朝建国の一三九二年を元年とする紀年法。一八九四年は開国五〇三年になる。

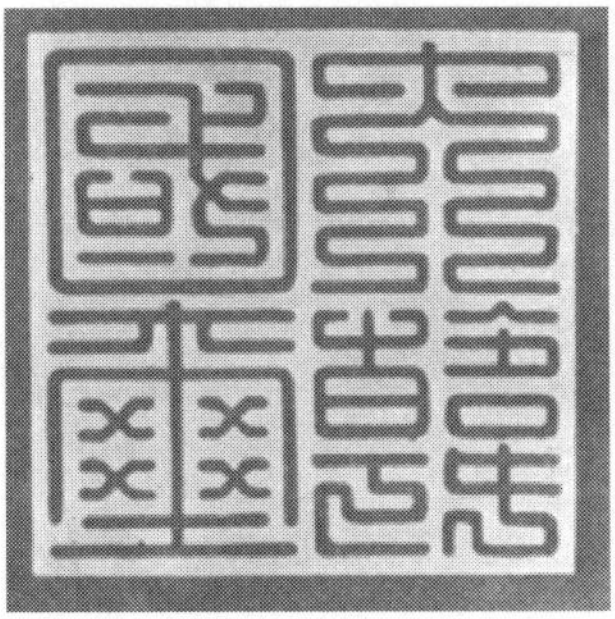

「**大韓国璽**」

徳寿宮の中和殿と品石　左右に、官僚が並ぶ位置を示す「正一品」「従一品」「正二品」と書かれた品石がみえる。

③—朝鮮の両班知識人と華夷思想

両班知識人

朝鮮における両班（ヤンバン）の歴史は、中国的な官僚制や科挙《かきょ》が整備された高《こう》麗《らい》に遡る。中国から導入された王朝の正式な儀礼の一つに、臣下の官僚が朝廷に集まって国王に謁見する朝会があるが、この朝会のさいには、南面する国王の前に、一品から九品にいたる文武の官僚が、位の高い一品の官僚を手前にして、班次すなわち順序に従って北面して整列する。ここから文班、武班の語が生まれ、また、文官が東側、武官が西側に並ぶので、それぞれ東班、西班ともいい、両者をあわせて両班と呼ぶ。つまり両班とは、本来朝会に参加する現職の官僚のことを指し、高麗ではこの意味で使われることが多かったのである。

しかし、朝鮮王朝では意味が少しずれ、一般に祖先のなかに官僚や科挙の合格者がいて、たとえ本人が現在官僚ではなくても、将来本人または子孫が官僚になる可能性があると社会的に認められている人や、その一族を指すようになる。つまり社会のなかで、官僚を輩出しうると認識されている知識人の階層を意味するようになったのであり、やがて士、士大夫、士族などの語とも通用し、彼ら自身は、士族と自称することが多かった。彼らは官僚予備軍としてよりは、儒教をはじめとする中華の文明の保持者として、道徳性倫理性に優れる（優れるべき）という点に自己の存在意義を見出していたからである。彼らは同じ階層同士で婚姻を結び、やがて階層自体が、そのなかに流動性をはらみつつも、再生産されていったとみられる。

朝鮮王朝の両班は、高麗末の地方在住の官僚退職者や、軍功などによって添《てん》設職《せっしょく》という名誉職を受けて官僚、つまり両班になった留郷品官《りゅうきょうひんかん》、閑良《かんりょう》と呼ばれた在地の有力者に由来するとされる。彼らは十五世紀半ばころから科挙などをつうじてしだいに中央の政界に進出し、のちに士林（林は多数のこと、士類）派と呼ばれるようになる。当時政府の実権を握っていたのは、のちに勲旧派《くんきゅうは》と呼ばれる勢力で、彼らは、李成桂に協力して新王朝建国に功績があった人びとや、世祖の王位簒奪▲に加担した人びとの系譜を引き、王室の外戚になっている場合もあった。国王成宗（ソンジョン）は彼らを牽制するために、金宗直《きんそうちょく》（キムジョンジク）（号は佔畢斎《てんひっさい》（チョムピルジェ）、一四三一～九二）や、彼の門人金宏弼《きんこうひつ》（キムグェ

▼世祖の簒奪　世祖（在位一四五五～六八）は一四五三年クーデタを起こして実権を握り、五五年には甥の端宗から位を譲られて即位した。なお、端宗はのちに自殺に追い込まれた。クーデタを正当化する立場からは、クーデタの年の干支を用いて癸酉靖難（きゅうせいなん）という。靖難は、国の危難を靖んじ救う意。

姜熙彦《きょうきげん》「士人揮毫」

李滉墓所

▼戊午士禍　戊午士禍は史草の記述内容が原因で弾圧がおこなわれたので史禍ともいう。

▼己卯士禍　儒教にもとづく厳格で理想主義的政策をとった趙光祖（号は静庵、一四八二〜一五一九）が粛清された。

ンピル）（号は寒暄堂《かんけんどう》（ハヌォンダン）、一四五四〜一五〇二）、鄭汝昌《じょしょう》（チョンヨチャン）（号は一蠹《いっと》（イルトゥ）、一四五〇〜一五〇四）ら新進の士林を大挙登用し重視した。金宗直は高麗末に高麗に殉じた鄭夢周や、新王朝に仕えることを拒んだ吉再《きっさい》（キルチェ）（号は冶隠《やいん》（ヤウン）、一三五三〜一四一九）の学統に連なる嶺南（ヨンナム）（慶尚道（キョンサンド））出身の朱子学者であり、彼の学問は、理想主義的で道義や節義を重んじる学風をもっていた。士林派は世祖の簒奪に加わり、現実主義的な傾向の強い勲旧派を小人と非難して鋭く対立した。士林派は勲旧派による厳しい弾圧を何回にもわたって受けたが、これは士禍と呼ばれる。例えば、燕山君《えんざんくん》四（一四九八）年の戊午《ぼご》士禍、▲中宗十四（一五一九）年の己卯《きぼう》士禍▲などがあるが、しかし士林派はやがて十六世紀半ばには、政界の主流を占めるようになった。

士林派を代表する高名な学者には、日本の朱子学にも大きな影響を与えた李《り》滉《こう》（イファン）（号は退渓《たいけい》（テゲ）、一五〇一〜七〇）や、李珥《りじ》（イイ）（号は栗谷《りっこく》（ユルコク）、一五三六〜八四）がいる。二人はともに高位の官僚であり、生前から国王はもとより多くの人びとの尊敬を集めていた。しかも士林派やその後継の両班知識人が政界・学界の主流を占め、歴史も彼らの価値観に従って叙述されるようにな

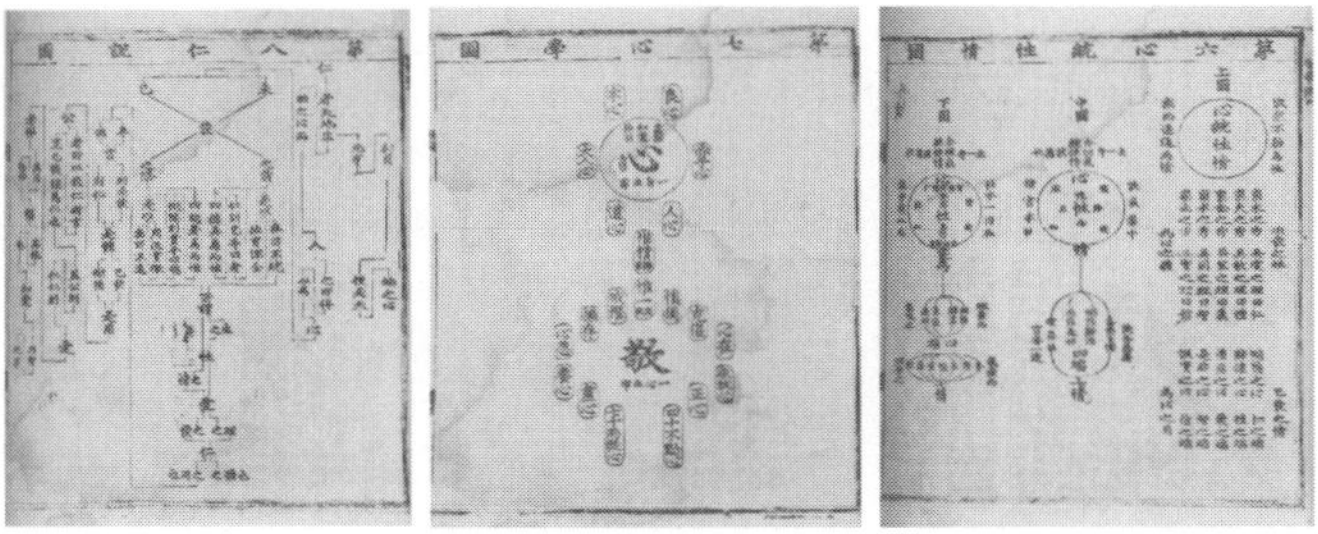

李滉『聖学十図』(部分)　朱子学の基本を図解した著作で、太極図、西銘図などの一〇図よりなる。国王宣祖に献上された。

ったため、現在の韓国で二人がそれぞれ一〇〇〇ウォン、五〇〇〇〇ウォンの紙幣の肖像として使われていることが象徴するように、二人の名は、党派、学派の祖として絶大な権威をもつものとなった。理を重視する李滉の学説は、彼にゆかりの嶺南を中心におこなわれ、また気を重視する李珥の学説は、やはりゆかりの畿湖《きこ》(キホ)(京畿《けいき》(キョンギ)、忠清道《ちゅうせいどう》(チュンチョンド))を中心に広まった。

朝鮮王朝後期になると、両班知識人のあいだに中国的な宗族制度が定着しはじめた。宗族制度は、宗族内でおこなわれる「朱子家礼」を標準とした冠婚喪祭の儀礼によって裏づけられたが、そこで礼学が盛んになり、李珥の門人の金《きん》長生《ちょうせい》(キムジャンセン)(号は沙渓《さけい》(サゲ)、一五四八～一六三一)・金集《きんしゅう》(キムジプ)(号は慎独斎《しんどくさい》(シンドクチェ)、一五七四～一六五六)父子のような礼学の大家も輩出した。両班知識人の人間関係は、地縁、血縁、学縁によって大きく左右されるものとなり、党争が激しくなるにつれて学派は党派とも密接な関連をもつようになった。李滉の学問を継承する学派には南人、李珥の学問を継承する学派には西人(のちに老論、少論に分裂)が多かったのである。また党争は礼にかんする解釈をめぐって起こることにもなった。

党争と四色党派の形成

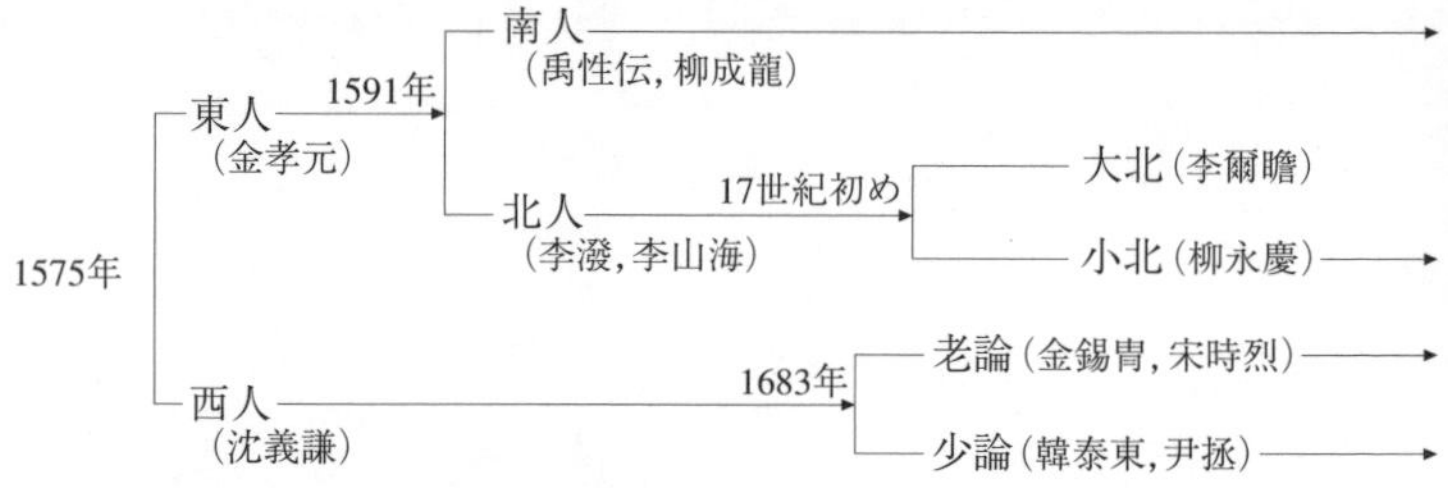

（　）内は朋党形成当初の代表的人物

士林派の学風は、のちの両班知識人の思考や行動の様式に大きな影響を残したが、また士林派は、北宋の呂大臨《りょたいりん》の著作を朱子が増補した徳業相勧《とくぎょうそうかん》、過失《かしつ》相規《そうき》、礼俗相交《れいぞくそうこう》、患難相恤《かんなんそうじゅつ》を骨子とする「朱子増損郷約《ぞうそんきょうやく》」による郷村教化、孝子、忠臣、烈女（貞女）の逸話を集めて図示した『三綱行実図《さんこうこうじつず》』およびその続編の刊行や、旌閭《せいりょ》という実際の孝子、忠臣、烈女の表彰などといった施策を推し進め、それが、庶民のあいだにも、儒教の価値観や倫理綱常が普遍的な価値をもつという認識が広まる大きな契機となったのである。

対明意識

さきに述べたように、小中華意識が昂揚した朝鮮王朝後期には、両班知識人は明の朝鮮にたいする「再造之恩」を強調するなど、明はしだいに彼らの理念にそうように理想化されて語られるようになる。とくに末期、新たに出現した西欧近代の文明との対決を迫られ、中華の文明が、存亡の危機に瀕しているという認識がなされた衛正斥邪《えいせいせきじゃ》と呼ばれる思想や運動（七八頁参照）で、その傾向が著しくなるのである。しかし、明が現実に存在し、外交という緊張をともな

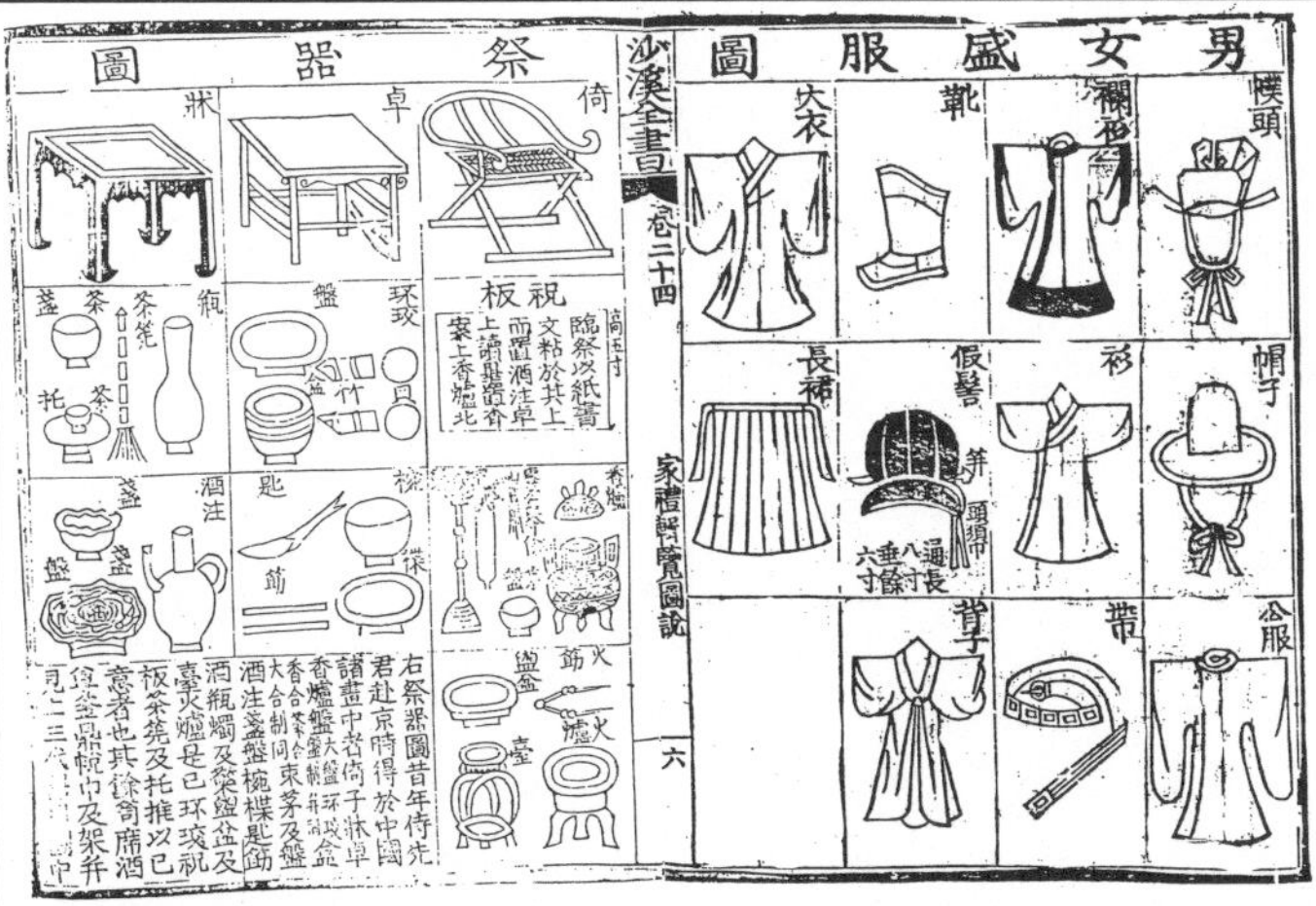

●金長生『家礼輯覧図説』 朱熹の『家礼』にかんする諸家の説を編集したもの。理解を助けるため、図説を付してある。

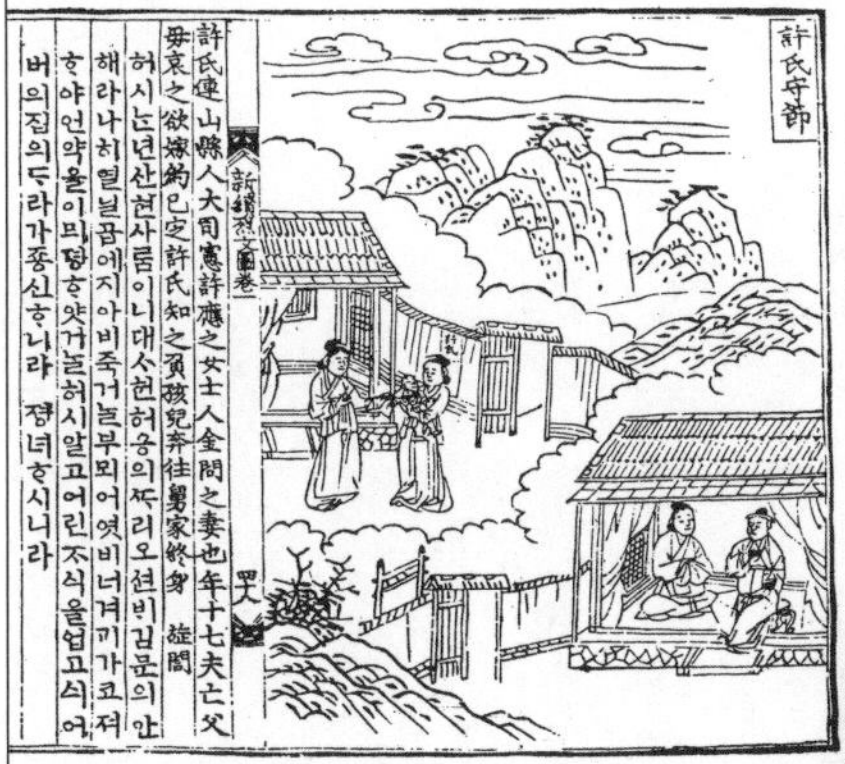

●世祖十三（一四六七）**年に表彰された烈女陽川許氏の旌閭**（下二点、忠清南道論山）　左図は陽川許氏のことを描いた『東国新続三綱行実図』（光海君時代に編纂）。

▼**靖難の変**（一三九九〜一四〇二年）　明の第二代皇帝建文帝にたいして、叔父の燕王が、帝室の難を靖んじると称して反乱を起こし、首都南京を攻略して帝位に即いた（成祖永楽帝）。

う状況のなかで事大《じだい》の関係が成立していた朝鮮王朝前期には、かならずしもそうではなかった。

高麗末に李成桂が親明事大を標榜して実権を握る契機となったのは、親元勢力が主導した明の遼東を攻撃するための出兵であったことはすでに述べた。しかも、それ以前に高麗が元（北元）と明にたいして、事実上両属する姿勢をとっていたことは、当然明の太祖洪武帝を強く警戒させていた。朝鮮建国後も、明への出兵の原因となった鉄嶺以北の帰属をめぐる領土問題はくすぶっており、明によって太祖李成桂政権の承認と、朝鮮の国号の決定がおこなわれたあとも、朝鮮と明との関係は緊張したままであった。そのような事情から、一三九三年に朝鮮の国号決定後も、朝鮮国王に封ずる正式な誥命《こうめい》（辞令書）と印章は、明から下賜伝達されなかったのである。したがって、太祖李成桂の肩書は従来どおり権知国事のままであり、誥命と印章の下賜伝達が実現したのは、ようやく一四〇一年、第三代の太宗のときに、恵帝建文帝によってであった。このことは、当時朝鮮と明との関係が不安定だったことをよく物語っている。靖難の変▲で即位した成祖永楽帝は、一四〇三年には誥命と印章を伝達したが、これは変後の対外的な安定を求めたためで、前年〇二年には、日本の足利義満が日本国王に封じられているのである。

朱子学の素養をもった当時の知識人も、明にたいする事大にかんして、名分はもちろん重視しながらも、かなり現実的な立場に立った発言も残している。朝鮮建国当初の文教政策に大きな役割をはたした朱子学者権近《ごんきん》(グォングン)(号は陽村《ようそん》(ヤンチョン)、一三五二〜一四〇九)は、一三九六年、緊張した明との関係を修復するために明に赴き、太祖洪武帝に謁見した。このとき洪武帝は、朝鮮の真意を探ろうとして権近に題を与えて詩をつくらせている。これに応《こた》えて詠《うた》われた「応制詩」は、例えば、

東国方多難、吾王功乃成、撫民修恵政、事大尽忠誠、錫号承天寵、遷居作邑城、願言修職貢、万世奉皇明、

東方では高麗末の困難な時期に、わが王李成桂は大きな事業をなしとげた。人びとを安んじてめぐみ深い政治をおこない、明にたいして事大の誠意をつくしている。朝鮮の国号を賜って皇帝陛下の慈しみをこうむり、新たに都を漢城に遷して建設に努力している。願わくは貢物を献じ、万世にわた

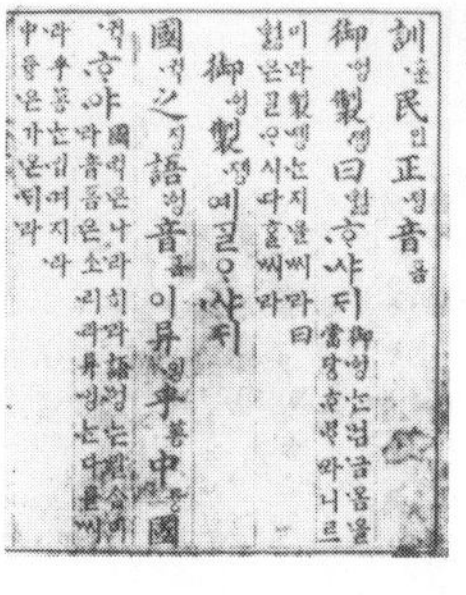

『訓民正音』 世宗は朝鮮語を表記するための文字、訓民正音をつくり、この文字の解説書『訓民正音』を編纂刊行させた。

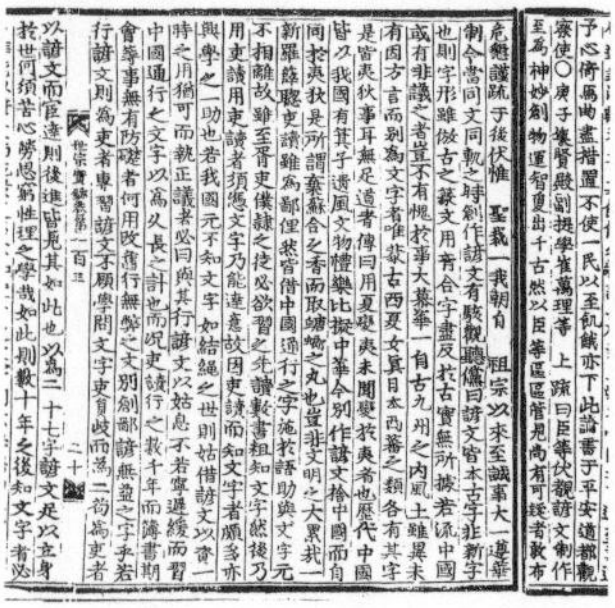

崔万理らの上疏文『世宗実録』 二枚目の八行目の下に「豈非文明之大累哉」の語がみえる。

って明にお仕え申しあげたい。

というように、洪武帝の意にそう内容をもつ詩で占められている。そして権近は無事目的をはたして帰国するのである。ただその彼が国内では、例えば明との外交政策を論じて国王太宗に提出した上疏で、「皇帝（成祖永楽帝）は東に建州衛を設けていますが、これはわが朝鮮の喉もとに刃をつきつけ、右腕を押さえるようなもので、……その意図ははかりがたいものがあります」（『太宗実録』）という発言も残しているのである。

朝鮮と明との関係が安定したものになっていくと、朝鮮では、両者が同じ文明に浴しているという意識がしだいに確固としたものとなる。例えば、世宗（セジョン）の『訓民正音』制定は、今日でこそ、この文字をハングル（偉大な文字の意）と呼ぶように、民族の文字の制定として高く評価されるが、当時は古典中国文、つまり漢文、漢字こそが正文《せいぶん》だとして、これに反対する者が多かったのである。王立のアカデミーともいうべき集賢殿に所属していた崔万理《さいばんり》（チェマルリ）らは、上疏のなかで、「わが朝鮮では歴代の国王が事大の誠意をつくし、もっぱら中華の制に従ってきました。それなのに、今天下をおさめる王者のもとで、文字や車輪の間隔が統一されている（「同文同軌」）というそのときに、諺文《げんぶん》▲を創作しようとするのははなはだ人びとを驚愕させることです」「昔から、中国全土で風土が異なっていても、その土地の言葉によって文字をつくったことはありません。ただ、蒙古、西夏、女真、日本、西蕃のたぐいは、それぞれ文字がありますが、これは夷狄のことで、いうに足りません。『孟子』にも、中華の教えをもって夷狄の風俗を変えさせた（「用夏〈華〉変夷」）というのは聞いたことがあるが、夷狄の風俗をもって中華の教えを変えさせたというのは聞いたことがない、とあります。歴代の中国の王朝では、わが国のことを箕子《きし》の遺風が残り、文物礼楽が中華と非常によく似ていると考えているのです。それに反して、今別に諺文をつくり、中国を捨てて自ら夷狄に同化するのは、……文明にとって大きな憂い（「文明之大累」）でなくてなんでありましょう」（『世宗実録』）と主張している。西欧近代の文明の価値観にもとづいた、民族国家や国民国家のなかで教育を受けてきたわれわれの意表をつく発言内容であるが、これこそが、当時の多くの知識人がもっていた文明にかんする認識だったのである。

高麗末に元から取り入れられた朱子学は、朝鮮王朝建国の理念となり、先述

▼**諺文**　朝鮮漢字音ではオンムン。漢字を正文、真文というのにたいして卑しんで諺文という。諺は俗と同義。朝鮮王朝時代、諺文は初等教育の場や、婦女子に関連して（女性自らが使うほか、父から娘への手紙などでも使われた）使われるものであった。日本の真名、仮名に対応するといえよう。左図は、『尤菴先生戒女書』。宋時烈が娘にあてたハングルの手紙である。

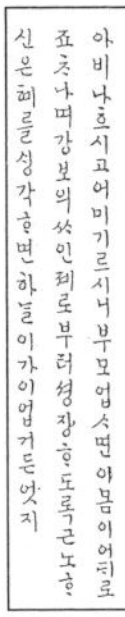

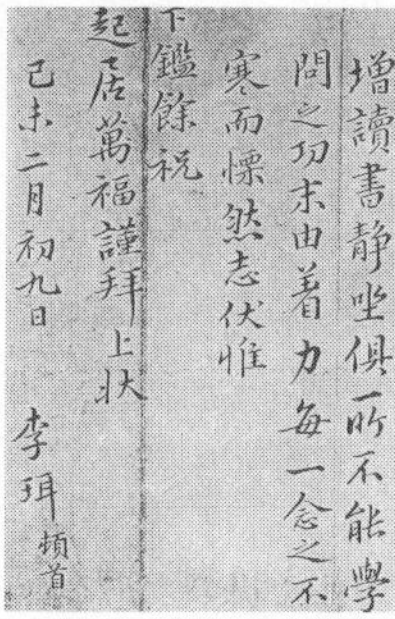
謹伏問
安何如仰戀〻〻珥僅保今春擬
與渾氏同榻因荊妻病甚不
得上洛仰恨〻〻珥近日胖積日
增讀書靜坐俱所不能學
問之功末由着力每一念之不
寒而慄然志伏惟
下鑑餘祝
起居萬福謹拜上狀
己未二月初九日　李珥頓首

李珥の書簡

のように、とくに士林派の登場以降、積極的にその普及がはかられた。このような朱子学の普及と、現実の明との外交関係の安定化は、両班知識人の対明意識における名分論の比重を、より大きくするように作用した。現実的な力や利害の関係はそれほど重視されず、事大それ自体を目的とするかのような、名分を前面に打ち出して強く訴える発言がなされるようになるのである。「下の者が上の者に事《つか》えるのに（「下之事上」）、難易によって心を変えたり、盛衰によって礼を廃したりはしないものです。これを実行することができているのは、ただわが王朝が明に事えることくらいでしょう」「今、小国である朝鮮が大国の明に事え（「以小事大」）、君臣の分もすでに定まっていますので、時勢による難易や利害は考慮することなく、誠意をつくすことに務めるだけです。朝鮮が陸路で明に朝貢する道を、北方の女真が閉ざそうとも、わが事大の誠意までさえぎることはできません。君主を尊ぶ思いは変えることはできないのですから、朝貢の路を海にとって、逆巻く大波も意に介するものではありません」（『栗谷全書』）という李珥の文章はその一例である。このときは、幸いなことに事大と慕華《ぼか》の対象が一致しており、朝鮮は明に朝貢しつつ、明から文物を取り入れて、文化的同一性を確保することができた時代であった。ただ、李珥をも含めて、実際に明へ朝貢使節として赴いた経験のある者は、現実に存在する明が、そのまま理想の中華ではないことにも気がついていた。

一五七四年に赴京使《ふけいし》▲の一員として明を訪れた趙憲《ちょうけん》（チョホン）▲は、その旅行中の日記『朝天日記』のなかで、現実の明の姿を記録し遠慮なく批判している。例えば、明の官僚のあいだで賄賂《わいろ》が横行していることを指摘し、彼ら一行も遼東で何回も賄賂を要求され、応じないと報復としていやがらせを受けたことを記し、また、北京の最高学府である国子舘《こくしかん》は壁がくずれたままで、蔵書室は塵でうまり、先生は椅子に座っているだけで講義をせず、弟子たちも郷里に帰っている者が多いのを見て、明の人が孔子を尊んでいないことは予想したとおりだったと記しているのである。しかし、この赴明の経験を踏まえて、朝鮮国内の諸制度の改革を求めて提出された彼の上申書「東還封事《とうかんふうじ》」のなかでは、明は明らかに美化される傾向をもつ。例えば、明では地方官で賄賂をとる者があれば、ただちに庶民の地位に落とす、国子舘では休日を除き、毎日講義がおこなわれていると記されている。これは明を理想化して、それと対比して朝鮮の現状を

▼**赴京使**　一般に明への朝貢使節は朝天使、赴京使と呼ばれたが、清への朝貢使節は北京（燕）に行くので燕行使と呼ばれた。同じ北京に向かう使節であるが、清にたいしては、天、京の表現を避けようとするところに、当時、朝鮮の両班知識人の明と清にかんする認識の相違があらわれている。

▼**趙憲**（号は重峰、一五四四～九二）　李珥、成渾の門人。壬辰倭乱のとき、錦山で七〇〇名の義兵を率いて小早川隆景の軍と戦い、壮烈な戦死をとげた。

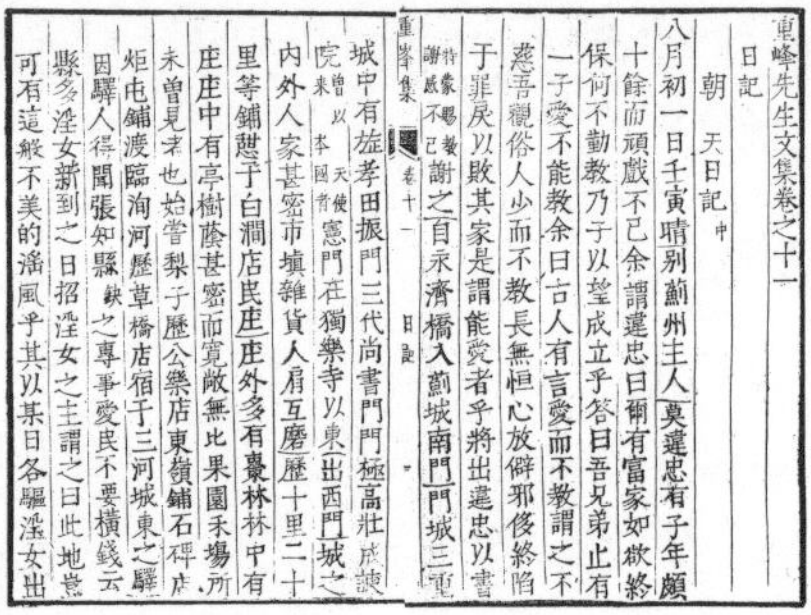
重峯先生文集巻之十一
日記
朝天日記 中
八月初一日壬寅晴別薊州主人莫違忠有子年纔
十餘而頑戯不已余謂違忠曰爾有富家如欲終
保何不勤教乃子以望成立乎答曰吾兄弟止有
一子愛不能教余曰古人有言愛而不教謂之不
慈吾觀俗人少而不教長無恒心放僻邪侈終陷
于罪戾以敗其家是謂能愛者乎將出違忠以書
特蒙賜教感謝不已謝之自永濟橋入薊城南門門城三重
重峯集 巻十一 日記
城中有旌孝田振門三代尚書門門極高壯成讀
院曾以天使来本國者憲門在獨樂寺以東出西門城之
内外人家甚密市塡雜貨人肩互磨歴十里二十
里等鋪憩于白澗店民庄庄外多有棗林林中有
庄庄中有亭樹蔭甚密而寛敞無比果園禾場所
未曾見者也始嘗梨子歴公樂店東嶺鋪石碑店
炬屯鋪渡臨洵河歴草橋店宿于三河城東之驛
因驛人得聞張知縣缺之專事愛民不要横錢云
縣多淫女新到之日招淫女之主謂之曰此地豈
可有這般不美的淫風乎其以某日各驅淫女出

趙憲の『朝天日記』

改革しようとする趙憲の姿勢のあらわれであった。趙憲の見た明は、彼が儒教の経典をはじめとする中国の古典や、朱子の著作によって身につけた価値観に照らして、あまりにも多くの欠陥があった。彼が学び、導入しようとした対象はかならずしも現実の中国の王朝明ではなく、経書《けいしょ》や朱子の著作から再構成された理想の中華の姿だったのである。中国からみれば本来東夷に属す朝鮮の両班知識人にとって、たとえ中華の文明を導入して文化的同一性を確保したと確信したとしても、存在それ自体がそのままで中華だとは断言できない以上、さらに理想の中華をめざして、ときにはいわば本家の中国の王朝以上に自国を変革しつづけなければならなかったということであろう。

丙子胡乱と両班知識人

丙子胡乱(四〇頁参照)の末期、国王仁祖(インジョ)は首都漢城から郊外の南漢山城(ナマンサンソン)に逃れ、清軍もそれを追って包囲した。そして王妃や世子が避難していた江華島が陥落して、清の手に落ちるという事態に立ちいたると、南漢山城では、崔鳴吉《さいめいきつ》(チェミョンギル)(号は遅川《ちせん》(チチョン)、一五八六〜一六四七)

ら和議を主張する者と、金尚憲《きんしょうけん》ら抗戦を主張する者が激論を戦わせて対立した。結局仁祖は状況からみてやむをえず和議の意見をいれ、翌一六三七年正月、清の太宗の軍門に降り、臣従を誓ったことは既述のとおりである。このときの主戦派金尚憲は、その後も徹底して、尊明と攘夷つまり清にたいする復讐雪恥を主張しつづけた。国王への上疏には「昔から不死の人はいませんし、不亡の国はありません。……今もし義を捨てて恩を忘れるのであれば、たとえ後世の議論評価は考慮しないとしても、いったいなんの面目があって地下に眠る歴代の国王にお目にかかれましょうか」と述べ、書簡でも「「再造之恩」のある明が衰えたことを思うと、血も涙もかわききってしまうほどです。私が日夜心に誓うことは、単于《ぜんう》(ここでは清の皇帝を指す)の頭に剣を振りおろし、奸臣の心臓を切り裂くことです」「もし復讐雪恥のことが議論されるならば、死んで墓のなかにいても、蘇って生気があふれるでありましょう」(『清陰集』)と記しているのである。

一六四九年、清で人質生活を送った経験をもつ孝宗(ヒョジョン)が即位した。孝宗は清にたいする復讐雪恥をはかるという北伐の意図(「北征之計」という)を

▼崇禎辛亥　小中華意識の象徴である崇禎紀元の例。西暦では一六七一年にあたる。明最後の年号崇禎は一六四四年で終了し、また南明政権もすべて地上に存在しない。左図は、宋時烈『三学士伝』。二枚目の五行目に崇禎辛亥の紀年がみえる。

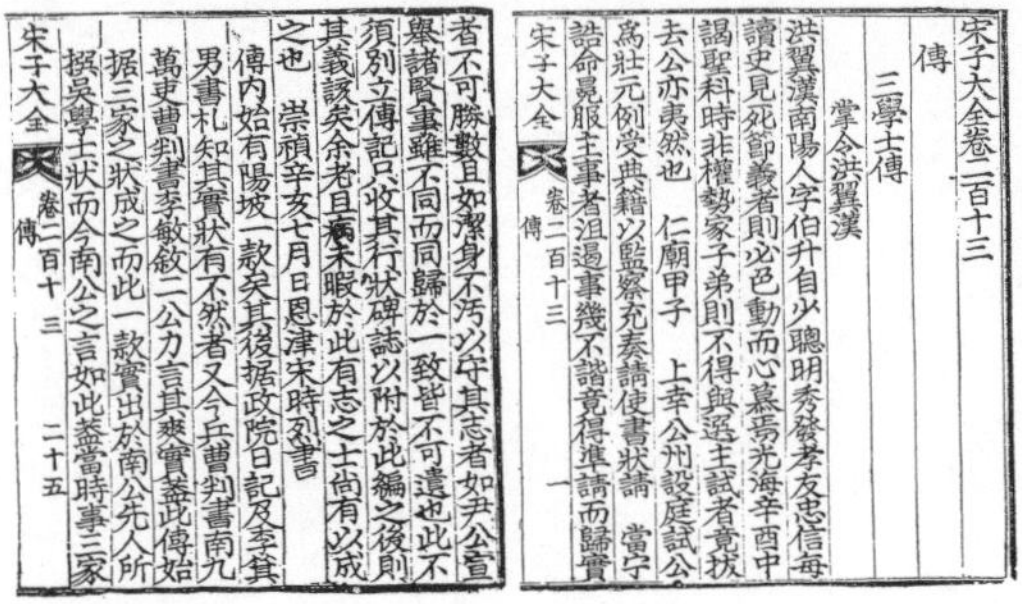
宋子大全卷二百十三
傳
三學士傳
掌令洪翼漢
洪翼漢南陽人字伯升自少聰明秀發孝友忠信每
讀史見死節義者則必色動而心慕焉光海辛酉中
謁聖科時非權勢家子弟則不得與選主試者竟拔
去公亦夷然也　仁廟甲子　上幸公州設庭試公
爲壯元例受典籍以監察充奏請使書狀請　當宁
誥命冕服主事者沮遏事幾不諧竟得準請而歸實
宋子大全　卷二百十三　傳　一

者不可勝數且如潔身不汚以守其志者如尹公宣
擧諸賢事雖不同而同歸於一致皆不可遺也此不
須別立傳記只收其行狀碑誌以附於此編之後則
其義該矣余老且病未暇於此有志之士尚有以成
之也　崇禎辛亥七月日恩津宋時烈書
傳內始有陽坡一款矣其後據政院日記及李箕
男書札知其實狀有不然者又今兵曹判書南九
萬吏曹判書李敏敘二公力言其爽實蓋此傳始
據三家之狀成之而此一款實出於南公先人所
撰吳學士狀而今南公之言如此蓋當時事三家
宋子大全　卷二百十三　傳　二十五

もっており、丙子胡乱のときに抗戦を主張し、講和後官を辞して帰郷していた宋時烈や、彼と同門の宋浚吉《そうしゅんきつ》（ソンジュンギル）（号は同春堂《どうしゅんどう》（トンチュンダン）、一六〇六～七二）らを召し出して重く用いた。宋時烈らは孝宗に尊明を説き、密かに北伐の計画を立ててその実現をめざした。この計画は孝宗の死によって頓挫し、また清の支配体制が確固としたものになっていったため実現はみなかったが、宋時烈は生涯一貫して尊明と攘夷北伐を主張しつづけた。尊明や攘夷北伐を鼓吹した彼の代表的著作の一つが『三学士伝』である。これは、主戦論を唱えて講和後清に連行され殺害された洪翼漢《こうよくかん》（ホンイッカン）（号は花浦《かほ》（ファポ）、一五八六～一六三七）、尹集《いんしゅう》（ユンジプ）（号は林渓《りんけい》（イムゲ）、一六〇六～三七）、呉達濟《ごたっせい》（オタルジェ）（号は秋潭《しゅうたん》（チュタム）、一六〇九～三七）の三人の伝記をまとめたもので、崇禎辛亥《すうていしんがい》▲の紀年をもつこの著作のなかで、宋時烈は丙子胡乱時の洪翼漢の上疏を引用して「わが国は遠く海外に位置しますが、もとより礼義を重んじることが天下に知られていて、小中華と呼ばれています。歴代の国王は藩属国として一心に事大の誠意をつくしてきました」と記し、宋時烈自身の言葉として「謹んで思いますに、……壬辰《じんしん》倭乱では、国は廃墟となって滅びかけましたが、明

▼万折必東　『荀子』に「その万折するもかならず東するは、志に似たり」とあるのによる。

宣祖御筆「万折必東」「再造藩邦」（石刻、江原道加平）

の神宗皇帝は天下の兵力を集めて援軍を送り、おかげで滅亡をまぬがれることができました。したがってわが国に存在するものは草木昆虫にいたるまで、皇帝の恩徳のおよばないものはありません。講和はまことにやむをえない状況に迫られたものでしたが、それでも、中国の川が途中で曲がりくねることはあっても結局は東の海に流れ込むように（「万折必東▲」）、わが国の一心な事大の誠意は変わるものではありません」（『宋子大全』）と「再造之恩」を強調している。そして彼はその死にあたって弟子の権尚夏に、明の皇帝を祀る施設をつくることを遺命し、それが「万折必東」にちなんだ名称をもつ万東祠として実現したことはさきに述べたとおりである。

「用夏（華）変夷」

朝鮮は中国からみれば本来夷狄の一つである東夷である。その東夷が、先述の『孟子』のいわゆる「用夏（華）変夷」、つまり中華の教えをもって夷狄の風俗を変えさせた契機は、いったいなんであったのか。ここでは宋時烈の発言にそくしてみてみよう。「わが国は箕子の国である。箕子がおこなった「八条之

箕子像　鄭璘基『箕子志』

教」は皆洪範にもとづいているのだから、箕子が周の武王に授けた洪範という天地の大法が、わが国でも周と同時におこなわれていたことになる。『論語』のなかで、孔子が中国で道がおこなわれないことを慨嘆し、九夷《きゅうい》（九夷は東夷、つまり朝鮮のことと解釈されている）にでも居《お》ろうかといったのも、このために違いない」（『宋子大全』）という発言は、孔子が生まれる以前に、すでに儒教の根本の教えが朝鮮に伝わっていたことを確信するものである。このように、朝鮮に中華の文明が根づくようになった重要な契機として、箕子朝鮮の存在がまずあげられるのである。

つぎの重要な契機は、高麗末の朱子学の伝来である。宋時烈は「わが国は東夷ではあっても、朱子の発言を集成した『朱子語類』には高麗の風俗が良好だと称賛している。ただ、高麗では夷狄の風俗がまだ変わっていなかったが、それでもほかの南蛮《なんばん》、西戎《せいじゅう》、北狄《ほくてき》に比べれば、中華の教えに従っていた。高麗末に朱子学が伝わり、鄭夢周のような大学者が出て枢要な地位につき、もっぱら礼義によって高麗の旧俗を変え、また朱子の著作を中国から求めて国中で教えた。それ以後、道学（道の学、朱子学のこと）がしだいに盛んになり、李彦迪《りげんてき》（イウォンジョク）（号は晦斎《かいさい》（ヘジェ）、一四九一〜一五五三）、李滉、李珥、成渾《せいこん》（ソンホン）（号は牛渓《ぎゅうけい》（ウゲ）、一五三五〜九八）がつぎつぎにあらわれるにいたって、道学は世のなかにおおいに明らかになった。中国では現在陽明学▲が盛んだと聞くが、わが朝鮮だけが朱子学を重んじているのは、『春秋左氏伝』に、周の礼が、周の諸侯の国で孔子のふるさとである魯に保存されている、と記しているのと同じである」（同上）と述べる。朝鮮は夷から華に変化し、さらに異端の教えである陽明学が盛んな本来の華である明より本格的な華となったという主張である。

このような認識は、自尊心を裏づけるものでもあったので、しだいに、しかも容易に当時の両班知識人に共通のものとなっていった。箕子朝鮮と周との関係を、李氏朝鮮と明との関係になぞらえたことから、尊明は、より理念的に中華の文明を尊ぶという意味をもたせて尊周《そんしゅう》と表現された。先述の正祖が編纂させた『尊周彙編』はその例である。そして尊明攘夷は、尊周の立場から名分を正すために孔子が著したとされる『春秋』の教えにかなう「春秋之大義」であるとされたのである。こうして、自国を周の礼が保存されていた魯に喩《たと》え、誇りをもって「吾東魯」「我東魯」と呼ぶこともしばしばおこなわれるようにな

▼陽明学　朝鮮では陽明学は李滉が非難を加えたこともあって、一般に異端とみなされていた。理解者である鄭斉斗（号は霞谷、一六四九〜一七三六）のような学者も出たが、わずかに彼の門人に連なる江華島の少論の家系に伝えられたにとどまった。

▼**韓愈**（七六八～八二四）　古文の復興を提唱した学者、文章家、唐宋八大家の一人。

った。

朝鮮が夷から華へ変化したという認識が可能であるのは、華夷思想がもともと文化や文明の存否によって華と夷を区別する傾向を強くもつからである。よく知られているのは唐の韓愈《かんゆ》▲の「孔子が『春秋』を著したとき、出自が中国の諸侯が夷狄の習俗に従ったときは、これを夷狄として取り扱い、出自が夷狄でも中国の文化をしたって礼を用いるときは、これを中国の諸侯なみに記した」（「原道」）という文章である。華夷思想がこのようなものであったからこそ、中国で、華が夷を間断なく包摂吸収して、拡大しつづけることができたのであり（なお、間断なく包摂吸収するために、古代中国でこのような華夷思想が形成されたとみるべきであろう）、最初にも述べたように、本来は夷狄のはずである日本の幕末の志士たちが、攘夷を主張することもできたのである。

華と夷の区別は、出身居住地域や種族にかならずしもかかわりなく、中華の文明に浴しているか否かが重要だという考えに、出自が東夷の朝鮮の両班知識人は強く共感した。宋時烈は「中原の人は朝鮮のことを東夷と呼ぶ。この呼称は雅《みやび》ではないが、儒教や王道を起こすことが重要なのだ。『孟子』に舜《しゅん》も東夷

●**民画**　王朝末期、屏風などに表装されて庶民の日常の用に供された。画題は山水・虎・花鳥など各種あるが、なかでも儒教の徳目をあらわす文字に、花鳥魚などを装飾した文字絵（図下左「廉」、下右「悌」）、机や書棚に、書籍や文房具を描いた文房図（図左）などは独特で、儒教が普及した朝鮮ならではのものとされる。

の人なり、文王も西夷の人なりとある。いやしくも聖人賢人となることができれば、わが朝鮮も鄒魯《すうろ》（鄒は孟子の生地、魯は孔子の生地）になりえないわけはない。昔福建は閩《びん》と呼ばれ、南方の夷狄の住む地であった。しかし、南宋時代に朱子がこの地から出て以後は、もともと中華の礼楽文物が存在した地も、福建にかなわなくなっている。夷の地が華の地に変化したのである」（『宋子大全』）と述べ、権尚夏の弟子で、宋時烈には孫弟子にあたる韓元震《かんげんしん》（ハンウォンジン）（号は南塘《なんとう》（ナムダン）、一六八二〜一七五一）も、「夷狄の人であっても、夷狄の行いを捨て、中国の道をしたい、中国の服を着、中国の言葉を話し、中国の行いをすれば、これはやはり中国以外の何者でもなく、人も中国として対応してくれるであろう。どうして当初夷狄であったことを問題としようか。……地に内外はなく、人に華夷はない、というのは、思うにこのようなことだ」（『南塘集』）と述べているのである。

黄景源《こうけいげん》（ファンギョンウォン）（号は江漢《こうかん》（カンハン）、一七〇九〜八七）の場合は、さらに基準が明確な主張をしている。「そもそもいわゆる中国とはなにか。礼義のみである。礼義が明らかであれば、夷狄も中国とみなせるし、礼義が明らかでなければ、中国も夷狄とみなせる。一人の人間でも、ときには中国、ときには夷狄となるのは、礼義が明らかかどうかにあるのである」(『江漢集』)と述べているのである。

ところで、中華の文明の存否によって華夷を区別するというのは、皮肉なことに、朝鮮の両班知識人が夷狄視し、攘夷北伐の対象としていた清の立場とまったく同じであった。雍正帝は『大義覚迷録《たいぎかくめいろく》』▲のなかで、「『春秋』で華夷を分けるのは、礼義の有無によってであり、地の遠近によるのではない」としている。また、清に仕えた朱子学者李光地《りこうち》(号は榕村《ようそん》、一六四二～一七一八)も、先述の韓愈の文章を踏まえて「『春秋』の書法では、中国でも夷狄の習俗を用いた場合には夷狄と書し、夷狄でも進んで中国に従えば中国と書した。天から見れば中も外もないのである」(『榕村集』)と述べている。李光地は地球説をすでに知っていたので、地理的にみてかならずしも中国が天下の中心でないことを理解していた。したがって地域ではなく、中華の文明の存否によって華夷の区別がなされると強調したのである。朝鮮と同じく出自が夷狄であった清は、反清攘夷の意識や運動を抑えて中国を円滑に支配するために、地域や種族ではなく、

▼『**大義覚迷録**』　雍正帝が謀反を企てた曾静を説得して悔悟させ、その問答を中心に、謀反事件にかんする一件書類を編纂した書。

朴斉家の絵「魚楽」(左)と書

文明の存否による華夷の区別を強調し、例えば朱子学を皇帝の家学として保護するなど、中華の文明の体現者として君臨しようとした。実際、康熙帝、雍正帝、乾隆帝などまれにみる好学の皇帝が、当初において輩出したのである。

「北学」と慕華意識

儒教の経典をはじめとする中国の古典に精通し、古典中国語による漢文、漢詩を自由自在に作成することができた朝鮮の両班知識人は、自分たちはすでに夷から華に変化したと認識し、小中華の誇りをもつようになった。しかし、実際には彼らは中国の言葉を話していたわけではなく、彼らの妻や娘は、夷狄とみなしていた蒙古の習俗が残る高麗からの伝統的な服飾を用いていた。より本格的な華であろうとした彼らのなかで、例えば宋時烈は、晩年に自分の家庭の婦女に中華の制に従った服飾を身につけさせて、世間を驚かせることをいとわなかった(『宋子大全附録』)し、▲実学(シルハク)者として評価の高い朴斉家《ぼくせいか》(パクチェカ)(号は楚亭《そてい》(チョジョン)、一七五〇～一八〇四)は、その代表的著作である「北学議」のなかで、車、船、城、煉瓦、瓦など、人びとの日常生活に便利で有用な

（「利用厚生」）中国の進んだ器物を導入することを主張したが、その一環として、婦女の服飾を導入して、ただちに中華の制に改めることを求めている。さらには、言葉まで導入し、朝鮮でみな自国の言葉を使うことをやめ、中国の言葉を用いるようになれば、朝鮮が中華の内実を本当の意味で備えることになると述べて、世間から唐癖、唐学、唐漢、唐魁、つまり中国かぶれという非難をあびたのである。

中華の文明の存否によって華と夷の区別をするにしても、中国の道や中国の行いというような抽象的なものは、取り入れて実現させていると主観的に認識することができるかもしれないが、中国の服、中国の言葉という具体的な、とくに習俗言語にかかわるようなことにかんしては、それを導入するかどうかをめぐって両班知識人のあいだでもかなりの温度差があったことになる。先述の韓元震も、じつは「思うに、この国に生まれ、鳥獣とともに暮すことができないならば、国人とともに暮さざるをえない。それならば、冠服言語飲食居所は国人と同じくしないわけにはいかない」（『南塘集』）とも述べているのである。

朝鮮だけに中華の文明が存在するという誇り高い小中華意識が定着し、それ

▼実学　朝鮮後期の思想や学問のなかで、近代志向の性格をもつとして再評価されてきたものを実学という。そして、その思想や学問の担い手を実学者とし、集団化して実学派と呼ぶこともふつうにおこなわれている。ただ、朝鮮後期の当時、実際に現在使われている意味で実学者、実学派と称する一団が存在していたわけではない。彼らは通例、農業を重視し制度改革論を唱えた柳馨遠（号は磻渓、一六二二〜七三）、李瀷（号は星湖、一六八一〜一七六三）、丁若鏞らが経世致用学派、産業の発達と生活の向上をめざし、清支配下の中国からも積極的に学ぶべきだと主張した洪大容、朴趾源（号は燕巖、一七三七〜一八〇五）、朴斉家らが利用厚生学派（北学派）、金石文字学や考証学の水準を高めた金正喜（号は阮堂、秋史、一七八六〜一八五六）らが実事求是学派と分類されることが多い。近代以降の価値評価の基準（例えば、近代化、産業化、民族主義、民主主義など）にもとづくので、朝鮮後期や末期に評価の非常に高かった人物、例えばのちに述べる孔子廟に祀られた朝鮮の名賢とは顔ぶれがまったく異なる。

が確信されるようになると、従来文明の存否によって決められていた華と夷の区別は、朝鮮という地域や、そこに暮す種族（ただし、当時の両班知識人にとって夷狄禽獣に類すると認識された一般庶民は含まれず、儒教をはじめとする中華の文明の素養をもつ知識人のみにかぎられる）によって決まることと事実上同義になった。そして、「春秋之大義」にもとづく攘夷北伐の主張や、小中華の誇りの高まりと裏腹に、夷狄の清が支配する中国では中華の文明は消滅し、学ぶべきものなどなにもないという両班知識人の視野を限定する考えも強まっていった。

例えば、十八世紀後半（一七九〇年の序文をもつ）に、在野の老論の知識人（著者名は不明）によって書かれたとみられる『箕子八条志』という書物がある。これは、箕子の「八条之教」や洪範に仮託して、当時の朝鮮の制度改革論を主張展開したものであるが、もし箕子にゆかりの朝鮮で、聖君、聖王が出現し、先王の法による理想の政治がおこなわれた場合には、「朝鮮を以って天下に王たらしむ、豈《あ》に其《そ》れ難《かた》からんや」と述べる意気軒昂たる著作である。先王の政が実現した朝鮮は天下一の強国であり、「春秋之大義」を実現させて「まず対

『箕子八条志』（十八世紀後半）

馬征伐から始めて、北は寧古塔《ねいことう》（吉林省の地名、清朝発祥の地）をおそい、西は遼野《りょうや》（遼寧省の地域）をとって長駆して燕北《えんほく》（河北省、清の都北京を中心とする地域）にいたり、天下を席巻する。そうすれば夷狄である清支配下の人びとは、漢唐の遺民、つまりもともと中華の文明に連なる人びとであるから、朝鮮の文物衣冠が中華のそれであることを見て涙を流し、朝鮮軍を王師《おうし》（王者の軍隊、天子の軍）としてむかえるであろう」と述べるのである。中華の文明がひとり朝鮮だけに保存されているという認識をもつ著者にとって、攘夷北伐によって天下に中華の文明を回復させることは、自らに課された責務だと思われたのであろう。

他方、定期的に派遣される清への朝貢使節に加わり、清支配下の中国が空前の隆盛を誇る状況を直接見聞した人びとや、その報告に接した人びとのなかから、夷狄である清の支配と中華の伝統は別のもので、後者のなかからは当然取り入れて学ぶべきものがあるという見解が表明されるようになった。金昌協《きんしょうきょう》（キムチャンヒョプ）（号は農巌《のうがん》（ノンアム）、一六五一〜一七〇八）は「わが朝鮮は中国から遠く離れた地にあるが、ひとりだけ衣冠礼楽の旧制を保っているとして、気高くも小中華を自認している。しかし、昔堯《ぎょう》・舜《しゅん》・禹《う》・文王・武王といった聖

朝鮮通信使（一七六四年宝暦度、興正寺蔵）

王がおさめた地域や、孔子・孟子・程子・朱子（程顥《ていこう》・程頤《ていい》・朱熹《しゅき》）が教化をおこなった土地と民について、一律に乳くさくなまぐさくなって汚れていて、証拠立てることができる文献もないと考えるとしたら、それはまちがっている」（『農巌集』）と主張している。

また、一七六四年に通信使の一行として日本にきたこともある成大中《せいだいちゅう》（ソンデジュン）（号は青城《せいじょう》（チョンソン）、一七三二～一八一二）は、一方では「わが朝鮮はもとより文明の郷である、……今天下の文物はひとりわが国にある」（『青城集』）と述べ、小中華の誇りを披瀝するが、一方では「わが国の制度は多く新羅《しらぎ》高麗の旧制を踏襲している。衣冠はたしかに整っているが、それでもまだ純粋に中華の制ではない。文章はたしかに盛んだが、それでもまだ古道に復しているとはいえない。学術は枝葉にかんしては精密だが、根本については疎略である」と自国の現状をさめた目で見つつ、「中国は夏殷周《かいんしゅう》三代の礼楽が栄えた地であり、昔の器物や制度も証拠立てて調べることができる。書籍は宋明の旧を残し、気象観測も利瑪竇《りまとう》▲、湯若望《とうじゃくぼう》▲の流れを受けている。兵、刑、土地、城郭の制度のようなものは簡潔で強く守りやすい。これが建州《けんしゅう》（清の皇帝のこと、清の出自

▼利瑪竇　湯若望　イタリア出身のマテオ・リッチ(一五五二〜一六一〇)、ドイツ出身のシャール・フォン・ベル(一五九一〜一六六六)のことだが、ここでは、すでに中華の文明の一翼を形成していると認識されている。

が明によって設置された建州衛であることによる)が中華を併合した理由である」(『青城集』)と述べ、たとえ夷狄の清が支配していても、中国から広く情報を集めたうえで、そのなかから慎重に選択して学ぶべきだと主張しているのである。小中華の誇りを維持しつつ、より真の中華をめざそうというのであろう。

このような清支配下の中国から学ぶということを、先述の朴斉家の著作「北学議」にちなんで、現在「北学」と呼んでいるが、「北学」の語は先述の「用夏(華)変夷」と同じく、南方の夷狄である楚出身の人物陳良について語る『孟子』に由来する。「自分は中国の教えによって夷狄の風俗を変えさせた(「用夏(華)変夷」)ということは聞いたことがあるが、夷狄の風俗によって中国の教えを変えさせたということは聞いていない。陳良は南方の楚の出身であるが、周公や孔子の教えを悦《よろこ》んで、北方の中国にきてそれを学んだ(「北学於中国」)。彼はなかなか偉い人物で、北方の中国の学者でも彼に優る者はなかったほどだ」という孟子の言葉である。「北学」の主張は北方の中国から学ぶということであり、強い慕華意識にもとづくものなのである。

いわゆる「北学」を主張する人びとは、朝鮮を唯一の中華とはかならずしも考えなかったから、当然地域や種族ではなく、文明の存否によって華と夷を区別した。例えば、清に赴いた経験をもち、地球説はおろか地転説まで理解していたいわゆる実学者で、華夷的世界観を根本から転回させたと評価されることもある洪大容《こうだいよう》(ホンデヨン)(号は湛軒《たんけん》(タモン)、一七三一〜八三)は、たしかに「中国の人は中国を正界と考え、西洋を倒界と考える。西洋の人は西洋を正界と考え、中国を倒界と考える。しかし、実際は天を上にいただき、地を下に踏んでいることはどこでもみな同じである。横界も倒界もないのであり、すべて正界なのである」(『湛軒書』)と述べている。地域という観点からすれば、世界の中心はかならずしも中国とはいえず、まして小中華たる朝鮮とはいえないとしている。

しかし、じつは彼も一方では「嶺南(慶尚道)は、もと朝鮮の濂洛関閩《れんらくかんびん》▲と称され、李彦廸、李滉、鄭逑《ていきゅう》(チョング)(号は寒岡《かんこう》(ハンガン)、一五四三〜一六二〇)、張《ちょう》顕光《けんこう》(号は旅軒《りょけん》、一五五四〜一六三七)という立派な学者が輩出したが、不幸にも金宇顒《きんうぎょう》(キムウオン)▲、鄭仁弘《ていじんこう》(チョンイノン)▲、鄭希亮《ていきりょう》(チョンフィリャン)▲、李麟佐《りりんさ》(イインジャ)▲らによる変乱が起きて、不当な議論や不逞な輩《やから》があいついであらわれるようになり、そのため嶺南はすべて夷狄禽獣の域に陥ってしまい、それから一

成大中『日本録』

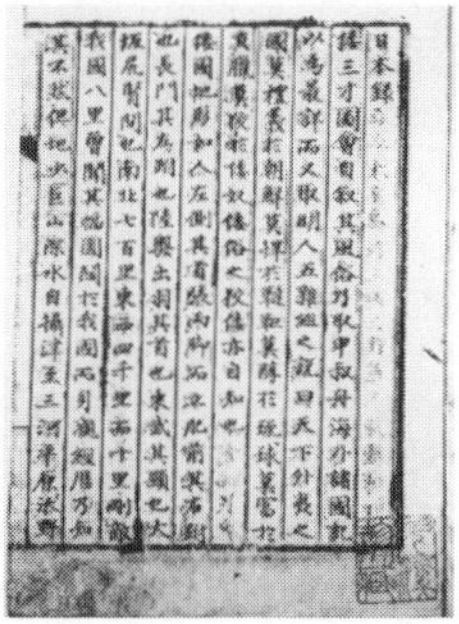

猶言不相關。言其不以位爲樂也。吾聞用夏變夷者。未聞變於夷者也。陳良楚產也。悅周公仲尼之道。北學於中國。北方之學者。未能或之先也。彼所謂豪傑之士也。子之兄弟事之數十年。師死而遂倍之。此以下責陳相倍師而學許行也。夏、諸夏禮義之教也。變夷、變化蠻夷之人也。變於夷、反見變化於蠻夷之人也。產、生也。陳良生於楚。在中國之南。故北遊而學於中國也。先、過也。豪傑、才德出衆之稱。言其能自拔於流俗也。倍、與背同。言陳良用夏變夷。陳相變於夷也。昔者孔子沒。三年之外。門人治任

孟子五　十三

『孟子集注』　一行目に「用夏(華)変夷」、二行目下から「北学於中国」の語がみえる。

▼**濂洛関閩**　北宋から南宋にかけての四人の学者、濂渓の人周敦頤、洛陽の人程顥(ていこう)・程頤(ていい)兄弟、関中の人張載、閩中の人朱熹(しゅき)のこと。朱子学の本場を意味する語。

〇〇年あまりになる」（同上）のように、同じ朝鮮の慶尚道という地域が、朱子学の本場つまり中華になったり、夷狄禽獣の域になったりすると表現しているのである。この文章には彼の属す老論という党派的立場が濃厚にあらわれているが、それはさておき、洪大容は華夷の区別を、地域にではなく、文明の存否に求めるのであり、したがって「周の人である孔子が朝鮮にきていたら、「用夏（華）変夷」を実現し、周の道（理想の中華の文明）を周の域外つまり朝鮮に起こしたであろう」（同上）と述べ、また「わが朝鮮は夷である。地域からみればたしかにそうであるが、どうしてそれをかくす必要があろうか」（同上）として、先述の宋時烈と同じように、地域としては夷に属す朝鮮が華をめざして努力し、またそれを実現させてきた実績を評価し、誇りとするのである。ただ、たとえ夷狄の支配下にあっても（彼は清を胡、戎などと表現する）、中国には本物の中華の文明が現に存在することを体験していた洪大容は、学ぶべきものなどなにもないという考えを強く否定した。彼は中国の知識人たちとも親しくまじわったが、彼らの学識の高さに驚くとともに、それでも辮髪《べんぱつ》胡服をせざるをえない状況に、かぎりない同情を寄せたのである。

▼**金宇顒**（号は東岡、一五四〇～一六〇三）　**鄭仁弘**（号は來菴、一五三五～一六二三）　ともに曹植（号は南冥、一五〇一～七二）の門人で、東人、北人の巨頭。東人は南人と北人に分かれたが、宣祖末年、北人はさらに大北と小北に分かれ、光海君即位後は大北が権力を握った。しかし、仁祖反正の結果西人が実権をもつと没落した。鄭仁弘もこのとき、誅殺された。

▼**鄭希亮**（?～一七二八）　**李麟佐**（?～一七二八）　英祖の即位で少論が失脚すると、一七二八年に不満をもつ人びとを糾合して反乱を起こしたが、鎮圧された。

夷と華のはざまで

「北学」を主張する立場にしても、夷狄の清が支配している中国には、もはや中華の文明は存在せず、学ぶべきものはなにもないとする立場にしても、両班知識人に共通しているのは、朝鮮をより中国化、中華化(文明化)することを追求していることであろう。客観的にみれば、本来出自が東夷であるという一種のコンプレックスが、このような徹底した中華化志向の理由であることは明らかであるが、一方彼らの主観では、おそらく当時としては中華の文明こそが唯一の普遍的な文明の名に値するものであり、それを身につけているからこそ、知識人が知識人たりうると認識されていたからであろう。

しかも、彼らは朝鮮王朝前期の士林派が台頭した時期から、本格的な教化政策を継続することで、読み書きもできないような庶民にも、中華の文明が普遍的な価値をもつものだという認識を共有させることに成功していた。華と夷の区別が、中華の文明の存否によるのであれば、庶民も学問をおさめて中華の文明を身につければ、道徳性を備えた文明人となることができるとして、多数の庶民を鼓舞してきたのである。このようにだれにでも開かれているという意味

金弘道「書堂」　書堂は朝鮮王朝中期以降に発達し、全国に普及した私的な初等教育機関。習字や初歩的な漢文、漢詩を教えた。

▼丁若鏞（号は茶山、與猶堂、一七六二〜一八三六）　天主教書と朱子学を折衷させた独特の哲学を唱え、儒教の経典の注釈書をはじめ、医学書、政治改革論書など多くの著作を残した。正祖の信任をえて官僚として活躍したが、正祖の死後政争に敗れて流配生活という後半生を送った。

でも、中華の文明は普遍的なものであった。ただし、それを実際に身につけているのは、自分たち少数の両班知識人だけであることが、彼らにとっては結果的により重要だったであろう。漢文、漢詩を自由にあやつり、儒教の経典をはじめとする中国の古典にかんする素養をもち、したがって当然それにもとづく道徳性をもっているはずの両班知識人は、普遍的価値をもつ中華の文明の体現者であるという権威によって、多数の庶民の上に君臨することができたからである。

例えば、いわゆる実学を集大成したと評価されている丁若鏞《ていじゃくよう》(チョンヤギョン)▲は、その著作がルソーの『人間不平等起源論』などとつうじるものがあり、朝鮮のルソーなどと呼ばれることもある実学者、両班知識人であるが、じつは、地方官の心得を書いた「牧民心書」のなかの庶民教化の重要性を論じたところで「王命を受けて地方官となった以上、人びとが夷狄禽獣の域に陥っているのを、座視して救おうとしないとすれば、それは自己に与えられた務めをはたさないことになる」(『與《よ》猶堂《ゆうどう》(ヨユダン)全書』)と述べ、統治の対象となる庶民を夷狄禽獣になぞらえている。また、子どもたちに与えた手紙では、士大夫の家に生まれた者は、計算高くて口のうまい軽薄野卑な賤《いや》しい人たちの仲間にはいることで、学問をおさめて道徳性をやしなうことを忘れてしまってはいけないと厳しい階層意識をあらわしたうえで、学問の重要性を説き「学問をおさめなければ礼義がないことになり、そうなれば禽獣とほとんどかわりがなくなる」(「示二児家誡」『與猶堂全書』)としている。丁若鏞だけでなく、両班知識人はいわば中華の人として夷狄禽獣に類する庶民を支配統治したのであり、その権威を失わないためにも、自己の存在をかけて学問をおさめ、より真の中華の実現をめざさなくてはならなかったのである。

衛正斥邪

西欧列強の出現によって、朝鮮の両班知識人は西欧近代の文明という新たな普遍的価値に接するようになった。彼らはこれにどのように対処するかを迫られたのである。西欧近代の文明を取り入れて進歩をめざそうとする考えを開化思想、その担い手を開化派▲と呼ぶ。彼らは清の洋務運動や日本の明治維新に範をとろうとしたのである。反対に従来の文明の価値観を固守しようとした人び

▼**開化派**　欧米の近代的な制度や技術を導入して、内政の改革をめざす人たち。一八八四年の甲申政変や、九四年の甲午改革の担い手となった。開化の語は、中国の古典に出典を求めることもあるが、直接的には日本の文明開化に由来するとされ、英語の progress の訳語である進歩と同義である。

●——実事求是学派の実学者（六九頁参照）とされ、考証学者・書家として有名な金正喜の故宅、サランバン（忠清南道礼山）。

●——丁若鏞の山水図

●——丁若鏞（韓国の切手）

との主張が衛正斥邪であった。正学つまり儒教を代表とする中華の文明を衛《まも》り、邪学つまりキリスト教に代表される西欧の近代文明を斥けるというものである。開港以降西欧の文物が急速に流入し、しかも洋務運動後の清や、明治維新後の日本が、実際に西洋化した姿を多くみせつつ、朝鮮に進出して角逐を繰り返したことは、衛正斥邪を主張する人びとの危機感をいっそう強めた。中華の文明や、明の正統な後継者は朝鮮であるという小中華意識は、これまで以上に先鋭化することになった。

衛正斥邪の主張の例として、李恒老《りこうろう》(イハンノ)▲の発言を、彼の著作『華西《かせい》(ファソ)集《しゅう》』のなかから取り上げてみよう。彼は清と西洋について「中国の道が滅べば夷狄禽獣がやってくる。北虜(清のこと)は夷狄で、まだいうだけのものがあろうが、西洋は禽獣でいう価値もない」のように夷狄、禽獣とみていた。そして「北虜は分をこえて中国の主《あるじ》となり、西洋は中国を沈没全滅させた」と述べる。彼は西洋を、中国を全滅に追い込んだ恐るべき存在として捉えていたのである。このような状況下、朝鮮は彼によってつぎのように位置づけられる。「昔韓愈がいった、出自が夷狄でも中国の文化をしたって礼を用い、中国と認

▼**李恒老**(号は華西、一七九二〜一八六八)　老論、畿湖学派に属す。京畿楊根を拠点に活動し、門下に金平默(号は重庵、一八一九〜九一)、柳重教(号は省斎、一八二一〜九三)、崔益鉉(号は勉庵、一八三三〜一九〇六)、柳麟錫(号は毅庵、一八四二〜一九一五)ら多くの衛正斥邪の主張者がいる。

▼一陽来復　易の復卦は、一番下に陽が一つ発生するかたちになっており、冬が去り春がくる意味や、事物回復の意味をもたせる。左図は、易の「復」(『周易集解纂疏』)。

云剝之爲道不可終盡剝窮于上即復反于初
巻剝之陽不食則復之陽不遠故剝受以復也
震下坤上　復亨　何安曰復者歸本之名羣陰剝陽至于幾盡一陽來下故稱反復陽氣復反而得交
遂故云　疏　上爲末初爲本陽盡于上復歸于初故云復者歸
復亨也　本之名羣陰剝陽至于幾盡者剝之上不食者也
周易集解纂疏　四　共　八百五十七字
一陽來下故稱反復者復初之不遠者也
乾陽復反于坤初陰陽交通故曰復亨也　出入无疾朋來
367　368

定されることを実現させたという点で、朝鮮にかなうものはない。今西洋によって、中国が沈没し全滅している(「神州陸沈《しんしゅうりくちん》」)なかで、朝鮮の存在は、陰の気が圧しているその一番下に、陽の気がめばえているようなものだ」というのである。先述の韓愈の文章を踏まえて、中華の文明の存否による華夷の区別を強調し、朝鮮を中華の文明を唯一保存している国とみる。そして、易の復の卦の「一陽来復《いちようらいふく》」▲のように、中華の文明回復の兆しが、わずかに朝鮮に残されているとするのである。

彼はまた中華の文明回復に比べれば、国の存亡など二次的意義しかもたないとも主張する。「西洋が道(儒教、中華の文明のこと)をみだすのがもっとも憂うべきことである。天地のあいだでひとすじの陽の気が朝鮮にあるのに、もしこれさえ壊されるとしたら、天の心はどうしてこれをしのぶことができよう。われわれは天地のために決心し、この道を明らかにすることが、大急ぎで火を消しとめるかのようでなければならない。国の存亡はそのつぎの問題である(「国之存亡猶是第二事」)」とある。まことに使命感にあふれた発言であるが、自己の存在をかけて中華の文明を追求してきた両班知識人にとっては、当然の内容

金平默『重菴集』　南明の年号を使った永暦紀年が五行目にみえる。永暦五辛卯は、西暦一八九一年にあたる。

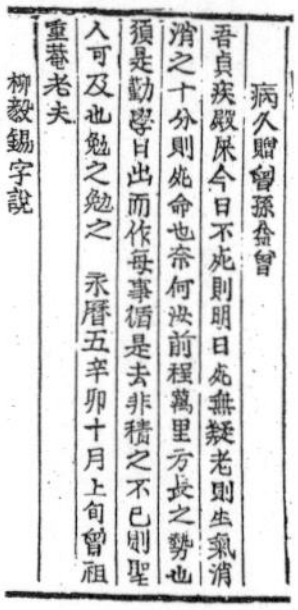
病久贈曾孫喬曾
吾負疾殿屎今日不死則明日死無疑老則生氣消
消之十分則死命也柰何沒前程萬里方長之勢也
須是勸學日出而作每事循是去非積之不已則聖
入可及也勉之勉之　永曆五辛卯十月上旬曾祖
重菴老夫
柳毅錫字說

であったともいえよう。そして、「朝鮮は、国は小さいが、もし君臣が一体となって徳をおさめて政治をおこない、夏殷周三代のような理想的な政治を実現させれば、洋賊にもやはり智者がいるだろうから、どうして安易に侵入しようなどと思うであろうか」のように、李恒老は、朝鮮をさらに理想の中華に近づけることで西洋と対抗し、その侵入を未然に防ごうと考えたのである。さきに述べた十八世紀後半に書かれた『箕子八条志』の記述内容と比較するとき、朝鮮を取り巻く状況の急激な変化を強く感じざるをえないのである。

ソウルの孔子廟

朝鮮王朝の王宮の一つである昌慶宮(チャンギョングン)の北側に、成均館大学校という大学がある。これは朝鮮王朝時代、最高学府であった成均館の名称を継承する総合大学であり、世界で唯一の儒学を学部名に冠した儒学東洋学部を擁している。

成均館大学校の正門付近には、昔の成均館の施設も保存されており、孔子以下の先哲《せんてつ》を祀る文廟《ぶんびょう》(孔子廟)、講義をおこなう明倫堂《めいりんどう》、学生が寄宿した東斎、西斎、蔵書を保存した尊経閣《そんけいかく》などがある。成均館の諸施設の中心的位置を占め、現在でも釋奠《せきてん》（春と秋の孔子らの先哲にたいする祭祀のこと）がおこなわれる文廟は、大成殿《たいせいでん》と東西の両廡《ぶ》（廊下状の細長い部屋）からなるが、大成殿には、南面する孔子の位版（位牌）を主享《しゅきょう》（首位の祭祀対象）として、配享《はいきょう》される四聖（四配ともいう）、十哲《じってつ》▲・宋朝六賢《そうちょうりくけん》の位版が、それぞれ東西に分かれておかれ、そして東西の両廡には従享《じゅうきょう》として、孔子の七十弟子のほか、儒教に功績のあった中国歴代王朝の名賢▲と、新羅以来の朝鮮出身の名賢の位版がおかれているのである。ここにみられる先哲、名賢の顔ぶれや、配享、従享といったいわば格付は、中国の王朝のそれとかならずしも一致するわけではなく、また高麗とも同じではない。朝鮮王朝の儒教の特色や、両班知識人の意識がよくあらわれているのである。つぎにそれについて少し具体的にみてみよう。

大成殿内に祀られているのは、朝鮮王朝末期では、つぎの二一人である。

主享　大成至聖文宣王《ぶんせんおう》（孔子）

配享　**四聖**　顔子・曾子・子思・孟子　**十哲**　閔損《びんそん》（字《あざな》、子騫《しけん》）・冉耕《ぜんこう》（字、伯牛）・冉雍《ぜんよう》（字、仲弓）・宰予《さいよ》（字、子我）・端木賜《たんぼくし》（字、子貢）・冉求《ぜんきゅう》（字、

▼十哲　『論語』では、徳行が優れた者として顔淵・閔子騫・冉伯牛・仲弓、言語に優れた者として宰我・子貢、政事に優れた者として冉有・季路（子路）、文学に優れる者として子遊・子夏があげられている。ただ、『論語集注』で朱子は、程子の語に従って、曾子がはいっていないのはおかしいから、この一〇人だけが優れていたのではなかろうとしている。

▼中国歴代王朝の名賢　韓国が成立した翌年の一九四九年に、全国儒林大会（林は多数の意味、先述の士林の林と同じ）の決議で、従享とされた九四人の中国歴代王朝の名賢の位版を地中にうめて、孔子、四聖、十哲、宋朝六賢、朝鮮の名賢のみとした。民族主義の波が、孔子廟の従享の制度にまで押しよせたともいえようが、現在はこのかたちが踏襲されている。

子有)・仲由《ちゅうゆう》(字、子路)・言偃《げんえん》(字、子遊)・卜商《ぼくしょう》(字、子夏)・顓孫師《せんそんし》(字、子張)

宋朝六賢　周敦頤《しゅうとんい》(号、濂渓《れんけい》)・程頤(号、伊川)・程顥(号、明道)・邵雍《しょうよう》(諡、康節)・張載(称、横渠《おうきょ》)・朱熹(号、晦庵《かいあん》)

　このうち、顔子、曾子、子思、孟子の四人をあわせて配享する四聖(四配ともいう)の制が成立したのは、中国で南宋末の咸淳《かんじゅん》三(一二六七)年のことである。この四聖の形成は、朱子学のいわゆる道統《どうとう》の伝《でん》▲と密接に関連づけられる『四書』▲の重視、つまり朱子学の興隆を物語るものである。

　朝鮮では、建国後新たに首都となった漢城に文廟が建てられた。高麗の制度では、配享されていたのは顔子だけであって、曾子と孟子は従享であった。しかし、太宗七(一四〇七)年にはこの二人を配享に格上げ▲して四聖の制度を整えたのである。これは朱子学を建国の理念とした朝鮮が、その理念にあわせて配享の制度を定めたものであり、また事大の関係で結ばれた明の制度を導入したものであった。このような朝鮮の朱子学重視の姿勢は、朝鮮王朝後期におこなわれた宋朝六賢の配享に、より明確に示されている。

　北宋から南宋にかけて、朱子学が体系的な学問として成立するのに重要な役

▼道統の伝　主に朱子学で主張された儒教の道を伝える正統な聖人賢人の系譜。

伏羲—神農—黄帝—堯—舜—禹—湯—
—文・武—周公—孔子—顔子／曾子—子思—孟子—
—周子—程子／張子—朱子

▼『四書』　孔子の言行録である『論語』、曾子の作とされる『大学』、孔子の孫子思の作とされる『中庸』、孟子の言行録である『孟子』。

▼配享に格上げ　なお、孟子が従享から配享になった時期はよくわからない。建国後の文廟の完成時かもしれない。また、顔子が十哲からぬけたので、太宗七年に顓孫師が十哲に格上げされた。

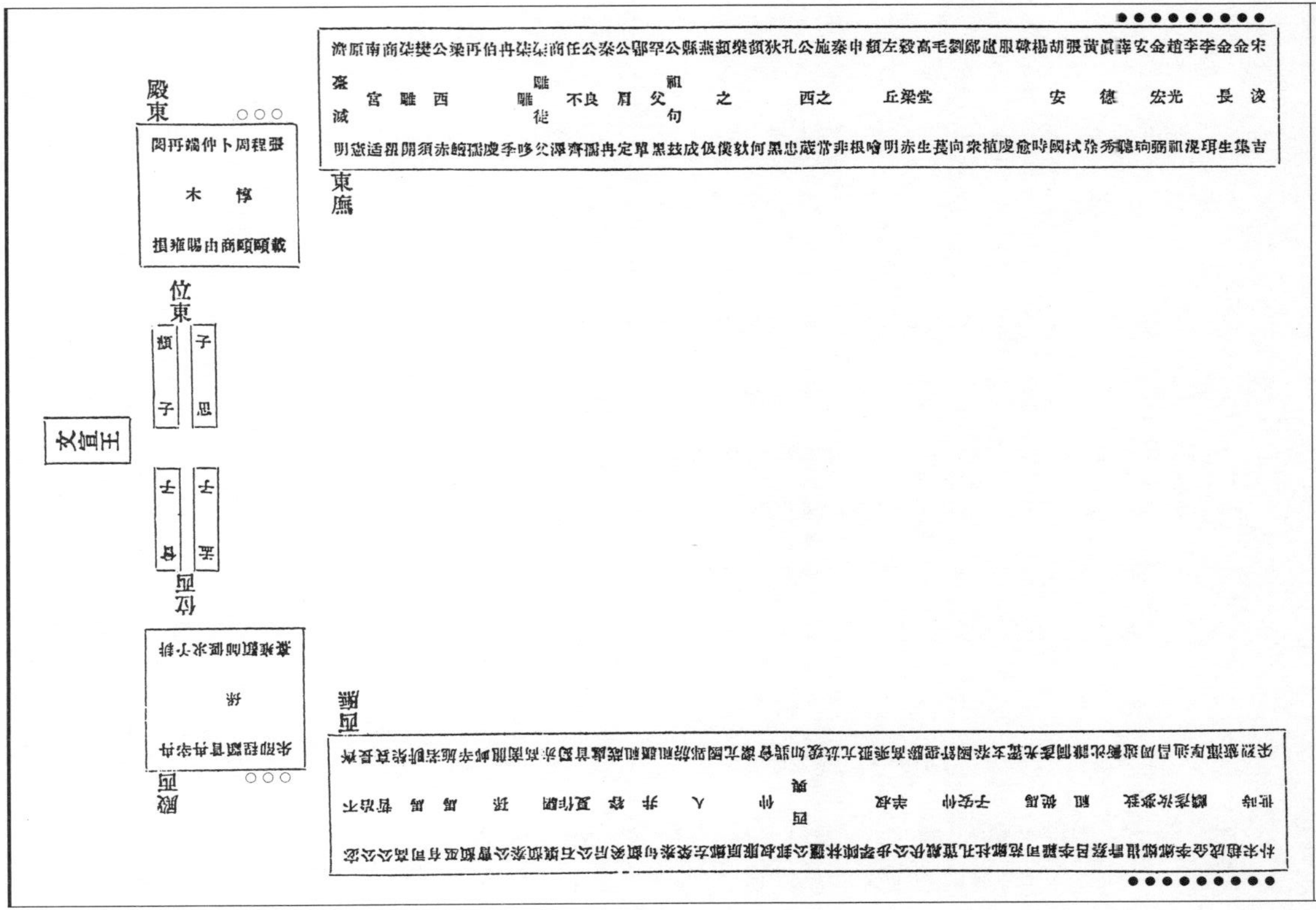

●——**文廟享祀図**　朝鮮王朝の文廟の特色の一つは、○を付した宋朝六賢と●を付した朝鮮の名賢が祀られていることである。

割をはたした周敦頤ら六人を、まとめて配享するのは中国では例がない。清では康熙五十二(一七一二)年に、先述のように朱子学が皇帝の家学であることを広く示すために、朱熹が一人だけ十哲と同格として配享されているが、朝鮮では粛宗四十(一七一四)年に、この清の措置に対抗するかのように、宋朝六賢がまとめて配享されるようになった。これは粛宗八(一六八二)年、その前年の末に出された宋時烈の上疏に従っていったんは決定したものの、多額の文廟改修費などといった諸般の事情を考慮して、実現が延期されていたものであった。夷狄と認識していた清に、朱熹の配享の制度化にかんして先をこされたことは、おそらく非常に残念だったに違いないが、この宋朝六賢の配享の実現は、中華の文明の粋《すい》と認識される朱子学の本流が、朝鮮にあるという小中華意識の具現とみることができるであろう。

つぎに文廟の従享についてみてみる。従享の対象となる名賢は数が多く、また後述するように時期によって若干の増減があり一定しているわけではない。そこで、朝鮮末期の状況を、中国と朝鮮それぞれの王朝ごとに分けて人数のみを記すとつぎのようになる。

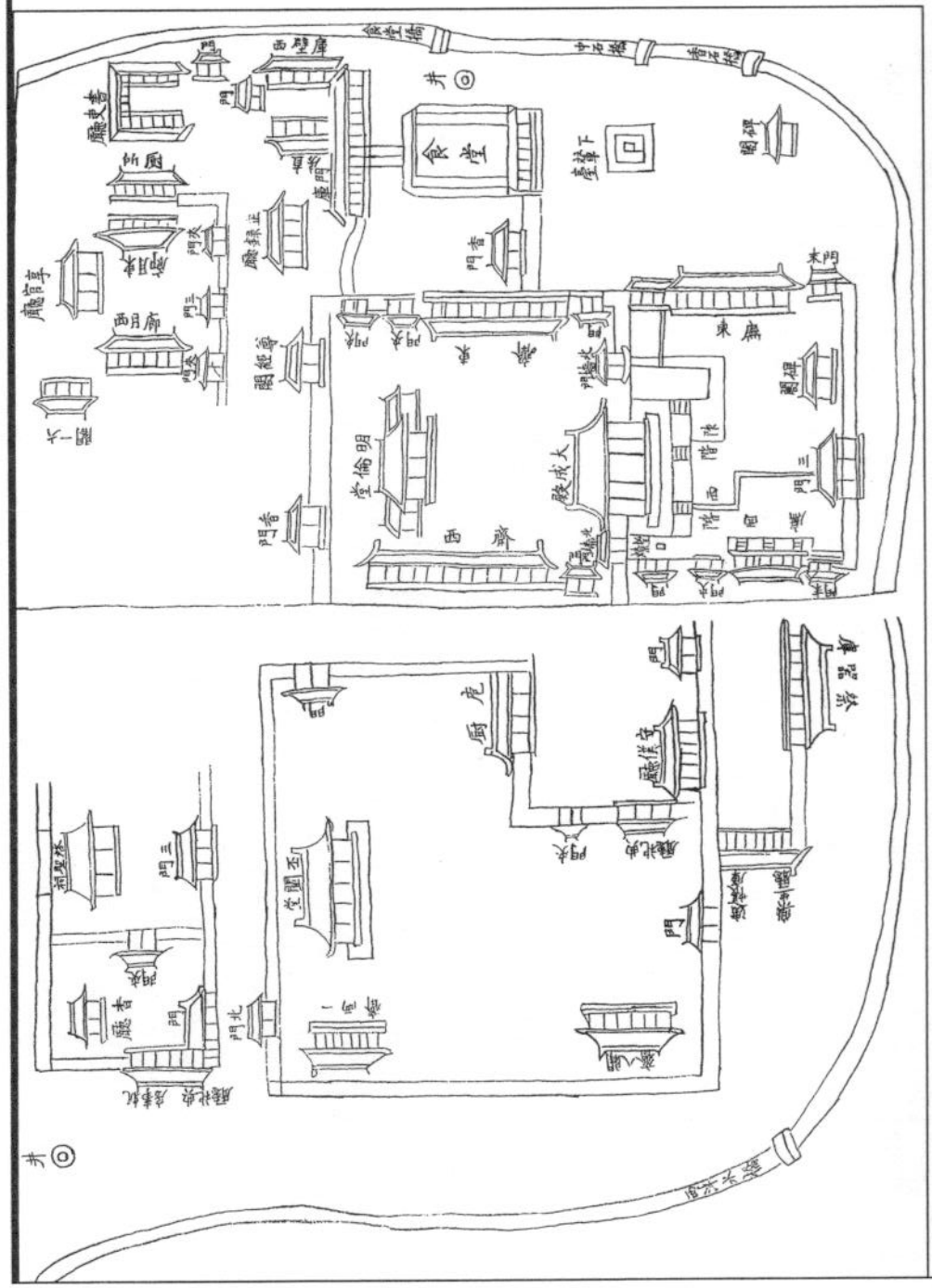

洋宮図（『大学志』）　諸侯の国学をいう。洋宮とは洋水をめぐらせた

大成殿

大成殿内部　箱にいれられた位版がおかれていて、孔子（文宣王）の位版は中央の柱の陰になっている。

明倫堂

従享 中国 周六九人、漢一二人、晋一人、唐一人、宋一〇人、元一人
従享 朝鮮 新羅二人、高麗二人、朝鮮一四人

ここで、従享の対象となった中国の名賢について特色をあげると、明の人物がまったくいないことがある。明と時代が並行する朝鮮の名賢が多く従享されているのをみると、孔子から流れ出る儒教の伝統が、宋、元をへたのち、中国の地を離れて朝鮮に移ったかのような構成といえる。明の文廟では、明の人物として隆慶《りゅうけい》五（一五七一）年に薛瑄《せっせん》（一三八九～一四六四）が、そして万暦五（一五七一）年には陳献章《ちんけんしょう》（一四二八～一五〇〇）、胡居仁《こきょじん》（一四三四～八四）、王守仁（号は陽明、一四三七～一五二八）が従祀されているが、朝鮮では、この明の制度をまったく取り入れなかった。陽明学やそれに連なる人物を、朝鮮では異端と認識し、排斥の対象としていたからである。朝鮮初期に、明の制度を基本に文廟の制度を整えたのではあったが、その後は明における文廟の制度改革を、そのままのかたちで導入することはほとんどなかったのである。

ところで、明の文廟における最大の制度改革は、嘉靖《かせい》九（一五三〇）年のものであるが、このとき孔子の呼称が従来の「大成至聖文宣王」から「至聖先師孔子」に変更され、配享や従享の名賢に与えられていた、例えば、鄒国亜聖公《すうこくあせいこう》（孟子）、高密伯《こうみつはく》（鄭玄《ていげん》）▲、徽国公《きこくこう》（朱熹）のような公、侯、伯という封号《ほうごう》も廃止された。孔子は「王」の称号を取り上げられて「師」となり、名賢はそれぞれの爵位を失ったのである。朝鮮では、明のこのような制度に従うべきだという議論はあったものの、実際の改革にはいたらなかった。それは朝鮮で儒教にかんして、明とは異なる独自の正統意識が成立していたからだとみられる。例えば、朱子の論敵で陽明学の先駆とされる陸九淵（号は象山、一一三九～九二）は、明では嘉靖九年に従享されたが、朝鮮では異端として、結局従享の対象にはならなかった。また逆に、朱子の弟子の黄榦《こうかん》（号は勉斎《べんさい》、一一五二～一二二一）は、明では従享の対象にならなかったが、朝鮮では粛宗八（一六八二）年に従享されたのである（なお、黄榦は、清では雍正四〈一七二四〉年に従享されている）。

最後に、従享された朝鮮の名賢についてみてみよう。彼らはいわば王朝公認の権威ある儒学者ということになる。それぞれの位版がおかれている東西の両廡に分け、従享が決まった年次をあわせて記すとつぎのようになる。

東廡　**新羅**　薛聡《せっそう》（ソルチョン）▲（高麗顕宗十三〈一〇二二〉年）　**高麗**　安珦（高麗

▼鄭玄（一二七～二〇〇）　じょうげんともいう。後漢の訓詁学者。儒教の経典の整理と解釈に大きな功績を残した。

▼薛聡　七～八世紀の人、名僧元暁の子。新羅語を漢字を使って表記する方法（後世の吏読に連なるもの）や、新羅語によって儒教の経典を読む方法（後世、口訣、吐と呼ばれるもの）を考案したとされる。

忠粛王六〈一三一九〉年）　朝鮮　金宏弼（光海君二〈一六一〇〉年）・趙光祖《ちょうこうそ》（チョグァンジョ）（光海君二年）・李滉（光海君二年）・李珥（粛宗八〈一六八二〉年）・金長生（粛宗四十三年）・金集（高宗二十〈一八八三〉年）・宋浚吉（英祖三十二〈一七五六〉年）

西廡　新羅　崔致遠《さいちえん》（チェチウォン）▲（高麗顕宗十一年）　高麗　鄭夢周（朝鮮中宗十二〈一五一七〉年）　朝鮮　鄭汝昌（光海君二年）・李彦迪（光海君二年）・金麟厚《きんりんこう》（キムイヌ）▲（正祖二十〈一七九六〉年）・成渾（粛宗八年）・趙憲（高宗二十年）・宋時烈（英祖三十二年）・朴世采（パクセチェ）▲（英祖四十年）

すでに登場している人物が多くみられるが、このなかには党争との関わりで一時的に従享からはずされ、のちにふたたび従享されるようになった人物もいる。李珥と成渾は、南人が勢力をえて老論・少論が斥けられた粛宗十五（一六八九）年に、従享の対象からはずされたが、南人の勢力が衰えた粛宗二十年には復旧している。学問的な学派と政治的な党派が密接に関連していたことはすでに述べたが、そのために政権を握っている党派の反対党派に属する人物は、儒教の正統からはずされることがあったのである。

▼**崔致遠**（八五八～?）　新羅末の文人。八四七年唐の科挙に及第して任官したが、黄巣の乱の討伐軍に加わり上奏文や檄文を草して文名をあげた。帰国後、侍読兼翰林学士となったが、活躍の機会を見出せず、最後は加耶山海印寺に隠棲したという。

▼**金麟厚**（号は河西、一五一〇～六〇）　李滉とも親交のあった士林派の学者。

▼**朴世采**（号は南渓、一六三一～九五）　少論の領袖であったが、党争の緩和に努力し、当時を代表する儒者として尊敬を集め、とくに礼学に詳しかった。

朝鮮の両班知識人がめざした中華は、例えば明のような現実に存在した中国の王朝ではなく、彼らが儒教の経書や、朱子の著作のなかに見出した中華であったことは、この朝鮮の文廟の配享、従享の制度からもうかがうことができる。また、孔子・孟子から朱子にいたる儒教の正統、つまりあるべき中華の文明の正統が、陽明学が隆盛を誇った明ではなく、中華の文明の枠である朱子学を保存する朝鮮の地域に継承され、文廟に従享されている朝鮮の名賢たちに体現されているという認識があることも理解できるであろう。

参考文献（日本語の文献を中心に紹介する。朝鮮語文献には＊をつけた）

安部健夫「清朝と華夷思想」（『清代史の研究』創文社　一九七一年）

今西龍「高麗の年号「光徳」の年代」（『高麗及李朝史研究』国書刊行会　一九七四年）

梅根悟監修・渡部学他『朝鮮教育史』（世界教育史大系5）講談社　一九七五年

大槻健他訳『新版韓国の歴史――国定韓国高等学校歴史教科書』（世界の教科書シリーズ1）明石書店　二〇〇〇年

小野川秀美「雍正帝と大義覚迷録」『東洋史研究』一六―四　一九五八年

小川晴久『朝鮮実学と日本』花伝社　一九九四年

小倉芳彦「華夷思想の形成」（『中国古代政治思想研究』青木書店　一九七〇年）

小田省吾『朝鮮文廟及陞廡儒賢』朝鮮史学会　一九二四年

梶村秀樹「朝鮮思想史における「中国」との葛藤」（梶村秀樹著作集第二巻『朝鮮史の方法』明石書店　一九九三年）

岸本美緒・宮嶋博史『明清と李朝の時代』（世界の歴史12）中央公論社　一九九八年

姜在彦『姜在彦著作選』（第一巻『朝鮮の儒教と近代』第二巻『朝鮮近代の変革思想』第三巻『朝鮮の開化思想』第四巻『朝鮮の西学史』第五巻『近代朝鮮の思想』）明石書店　一九九六年

姜在彦『朝鮮儒教の二千年』（朝日選書）朝日新聞社　二〇〇一年

＊玄相允『朝鮮儒学史』民衆書館　一九四九年

酒寄雅志「華夷思想の諸相」（アジアの中の日本史第五巻『自意識と相互理解』東京大学出版会　一九九三年）

末松保和「麗末鮮初に於ける対明関係」(末松保和朝鮮史著作集第五巻『高麗朝史と朝鮮朝史』吉川弘文館　一九九六年)
佐藤文四郎「朝鮮に於ける孔子祭に就いて」一・二・三『史文』一五―七・八・九　一九三三年
*『成均館大学校六百年史』天・地・人　成均館大学校出版部　一九九八年
千寛宇(旗田巍監訳・田中明訳)『韓国史への新視点』学生社　一九七六年
武田幸男編『朝鮮史』(新版世界各国史2)山川出版社　二〇〇〇年
*朝宗巖保存会『韓国人の尊周思想』保景文化社　一九九三年
*鄭玉子『朝鮮後期朝鮮中華思想研究』一志社　一九九八年
*鄭玉子『朝鮮後期文化運動史』一潮閣　一九八八年
鄭聖哲(崔允珍他訳)『朝鮮実学思想の系譜』雄山閣出版　一九八二年
那波利貞「中華思想」『岩波講座東洋思潮』第一七回　岩波書店　一九三六年
西嶋定生『東アジア世界と冊封体制』(西嶋定生東アジア論集第三巻)岩波書店　二〇〇二年
濱下武志『朝貢システムと近代アジア』岩波書店　一九九七年
藤田雄二『アジアにおける文明の対抗――攘夷論と守旧論に関する日本・朝鮮・中国の比較研究』御茶の水書房　二〇〇一年
藤田亮策「朝鮮の年号と紀年」(『朝鮮学論考』藤田先生記念事業会　一九六三年)
藤塚隣『清朝文化東伝の研究』国書刊行会　一九七五年
夫馬進「趙憲『東還封事』にみえる中国報告」(谷川道雄編『中国辺境社会の歴史的研究』、科学研究費補助金総合研究報告

書　一九八九年）
宮嶋博史『両班（ヤンバン）李朝社会の特権階層』（中公新書）中央公論社　一九九五年
山内弘一「李朝初期に於ける対明自尊の意識」『朝鮮学報』九二　一九七九年
山内弘一「洪大容の華夷観について」『朝鮮学報』一五九　一九九六年
山内弘一「夷と華の狭間で——韓元震に於ける夷狄と中華」『東洋文化研究所紀要』一三二　一九九七年
山内弘一「朴斉家に於ける「北学」と慕華意識」『上智史学』四三　一九九八年
山内弘一「京城・貴族の誇り——丁若鏞に於ける貴賤と華夷」『上智史学』四四　一九九九年
山内弘一「朝鮮儒教研究の手引き——中国学・日本学の研究者にむけて」『漢文學解釈與研究』四　二〇〇一年
＊李崇寧「崔万理研究」（『世宗大王の学問と思想』亜細亜文化社　一九八一年）
李泰鎮（六反田豊訳）『朝鮮王朝社会と儒教』法政大学出版局　二〇〇〇年
＊劉奉学『燕巖一派北学思想研究』一志社　一九九五年
李佑成（旗田巍監訳）『韓国の歴史像——乱世を生きた人と思想』平凡社　一九八七年
柳成龍（朴鐘鳴訳）『懲毖録』（東洋文庫）平凡社　一九七九年
和田久徳『世界史と時代意識——東アジアの紀年法と歴史記述法』（放送大学教材）日本放送出版協会　一九八六年

図版出典一覧

安輝濬監修『韓国の美19 風俗画』中央日報社 1993	カバー表, 16〜17, 47, 77
安輝濬監修『韓国の美12 山水画』中央日報社 1992	79中
延世大学校東方学研究所『高麗史』中 景仁文化社 1961	23, 29右
小田省吾『朝鮮文廟及陞廡儒賢』朝鮮史学会 1924	85
『韓国歴代文集叢書』景仁文化社 1988, 1999	51上, 82
『箕子古記録選編』民族文化研究院 2002	62
『箕子八条志』学習院大学図書館蔵	71
金哲淳監修『韓国の美 8 民画』中央日報社 1992	65
興正寺（所蔵）・京都文化博物館（提供）	72〜73
『大系朝鮮通信使』7 明石書店 1994	74右
『原本国語国文学叢林』大提閣 1988	51中, 55
『三国遺事』『三国史記』『世宗実録』学習院大学東洋文化研究所	12, 21右, 54左
『四書集註』芸文印書館 1974	74左
『周易集解纂疏』文史哲出版社 1971	81
週刊朝日百科『世界の歴史』72号 朝日新聞社 1990	10
『重峰先生文集』（中韓関係史料輯要 2 朝天録 1）珪庭出版社 1978	58
申榮勲監修『韓国の美14 宮室民家』中央日報社 1991	扉, 35下, 46, 79上, 87中, 下
『成均館大学校600年史』成均館大学校出版部 1998	87上
『宋子大全』保景文化社 1985	60
ソウル特別市『ソウル金石大観』ソウル特別市 1987	39下
『太祖実録』巻 2 国史編纂委員会 1955	15
武田幸男編『広開土王碑原石拓本集成』東京大学出版会 1988	21左
朝鮮史編修会編『朝鮮史』第 3 編第 2 巻 朝鮮総督府 1932	29左上
朝鮮総督府編『朝鮮金石総覧』朝鮮総督府 1923	29左下
『朝鮮事大・斥邪関係資料集』1 驪江出版社 1985	43下
鄭良謨監修『韓国の美18 花鳥四君子』中央日報社 1991	カバー裏, 68左
任昌淳監修『韓国の美 6 書芸』中央日報社 1992	36, 43中, 45, 56, 68右
ハンボクチン『伝統飲食』テウォン社 1989	4
方東仁『韓国地図の歴史』新丘文化社 2001	39上
明義会編『大明遺民史』保景文化社 1989	43上左, 61
孟仁在監修『韓国の美20 人物画』中央日報社 1992	14, 33上, 35上, 43上右
李佑成編『陶山書院』ハンギル社 2001	48, 49
共同通信社フォトサービス提供	13
埼玉県立さきたま資料館提供	7
著者提供	33中, 下, 44, 51下, 79下, 88

世界史リブレット67

朝鮮《ちょうせん》からみた華夷思想《かいしそう》

2003年 8 月25日　1版1刷発行
2021年11月30日　1版6刷発行

著者：山内弘一《やまうちこういち》

発行者：野澤武史

装幀者：菊地信義

発行所：株式会社 山川出版社

〒101-0047　東京都千代田区内神田 1 -13-13
電話　03-3293-8131(営業)　8134(編集)
https://www.yamakawa.co.jp/
振替 00120-9-43993

印刷所：明和印刷株式会社

製本所：株式会社 ブロケード

 ISBN978-4-634-34670-3

世界史リブレット　第Ⅰ期［全56巻］

〈すべて既刊〉

世界史リブレット　第Ⅱ期［全36巻］

〈すべて既刊〉